부모를 미워해도
괜찮습니다

살면서 한 번은 읽어야 할 부모와의 관계 정리 수업

부모를 미워해도
괜찮습니다

Meet freedom to live yourself

가와시마 다카아키 지음
이정현 옮김

포레스트북스

가시 돋친 부모를 끌어안고 살아가느라
상처투성이가 되어버린 당신에게.

지금부터 당신은
새로운 삶을 시작할 수 있습니다

저의 부모님은 콤플렉스가 많은 사람들이었습니다. 어머니는 언제나 제게 부정적인 감정을 쏟아냈습니다. "너 같은 게 해낼 수 있겠니?" "이게 다 너 때문이야" 같은 말을 매일 어머니에게 들었죠. 아버지는 저에게 무관심했습니다. 함께 시간을 보낸 기억이 거의 없습니다. 어머니의 비난으로부터 저를 지켜주지도 않았습니다. 언제나 귀찮다는 듯이 저를 대하던 기억만 남아 있습니다.

서로를 향한 고성이 오가고, 싸움이 끊이지 않으며, 늘 남을 흉보고 투덜대기만 하던 가족들 사이에서 자신감이나 타인에 대한 신뢰 같은 것을 배울 수 없었습니다. 그런 환경에서 저는 상대방의 반응을 지나치게 신경 쓰며 미움받지 않으려고 애쓰느라 자기주장이 약하고 매사 자신감도 없었습니다. 늘 주눅 들고 움츠러든 상태로 어린 시절을 보냈죠. 정말이지 웃음이라고는 없는 시절이었습니다.

저는 제 자신을 부모님에게 인정받지 못하고 믿음을 주지 못하는 사람, 부모님에게 사랑받지 못할 만큼 성격이 나쁜 사람, 멍청하고 가치 없는 사람이라고 생각했습니다. 게다가 마음에 무언가 문제가 있는 이상한 사람이라고도 생각했습니다. 저에겐 부모님을 사랑하는 마음이 없었기 때문입니다. 그리고 그런 마음을 누구에게도 털어놓을 수 없었습니다.

제가 처음으로 심리학을 접한 때는 사회인이 된 이후입니다. 부모님과의 관계로 계속 고민을 해오다가 어떻게든 변화하고 싶다는 마음으로 심리학을 공부하기 시작했습니다. 지인의 제안으로 모임을 만들어 함께 공부하기도 했습니다. 그렇게 사람들과 함께 심리학 공부를 이어가던 중에 처음으로 '부모를 미워해도 괜찮다'는 사실을 깨달았습니다. 그 순간 큰 충격을 받아 머리가 빙빙 도는 느낌이 들 정도였습니다. 평생 어깨 위를 짓누르던 무거운 짐을 내려놓고 진짜 제 인생을 시작하는 순간이었습니다. 심리 공부를 통해 마음의 상처를 점점 회복해가면서 저처럼 부모와의 관계, 가족 간의 관계 때문에 힘들어하는 사람들을 돕고 싶다는 생각이 들었습니다. 그렇게 퇴사 후 본격적으로 심리 치료에 대한 공부를 시작하여 전문 심리 상담가의 길로 들어서게 되었습니다.

심리 상담을 진행하면서 가장 기쁜 순간은 내담자들이 부모와 자신 사이에 경계선을 분명하게 긋고 자신의 인생을 되찾고 활기차게 살아가는 모습을 볼 때입니다.

이제 더는 혼자서 고민하지 마세요. 새로운 걸음을 내딛는 것이 두려울 수도 있습니다. 지금까지 부모에게 감정적인 지배를 당해왔기 때문에 부모로부터 멀어지겠다는 마음을 먹는 것만으로 두려움과 죄책감을 느낄 수 있습니다.

하지만 괜찮습니다. 제가 어린 시절의 상처를 극복해온 경험과 함께, 자녀에게 상처를 주는 부모의 심리와 그런 부모에게 대처하기 위한 지식을 총동원하여 당신을 도울 테니까요. 당신이 부모로부터 건강한 거리를 두고 자유롭게 살아갈 수 있도록 말이죠.

이제는 당신이 결단을 내릴 차례입니다.

새로운 인생을 받아들일 준비가 되었나요?

가와시마 다카아키

차례

제1장

부모와의 관계는 모두의 숙제다

제2장

부모는 왜 자녀를 지배하려 하는가

제3장

부모와 자녀 사이에도 경계선이 필요하다

당신은 부모에게
얼마나 통제당하고 있나요?

심리 상담소에는 부모와의 관계 때문에 괴로워하는 내담자들이 방문합니다. 그런 내담자들이 주로 보이는 특징을 체크리스트로 만들었습니다. 아래 항목과 같은 생각을 해본 적이 있는지 체크하면서 현재 당신이 부모에게 얼마나 통제당하고 있는지 알아봅시다.

□ 부모를 돌보는 것은 내 역할이다.

□ 부모는 스스로 살아갈 수 없으니 내가 도와야 한다.

□ 부모와 대화할 때는 이야기가 진지해지지 않도록 표면적인

이야기만 한다.

- [ ] 부모가 원하는 일이 아닌 내가 하고 싶은 일을 하면 부모를 배신하는 것 같아 마음이 불편하다.

- [ ] 부모에게서 독립하고 싶지만 부모를 버리는 것 같아 그러지 못한다.

- [ ] 부모와 거리를 두어 부모를 외롭게 만들면 마음이 불편하다.

- [ ] 나 때문에 부모가 상처받았을까 봐 걱정된다.

- [ ] '내가 그렇게 행동했더라면/행동하지 않았더라면 부모가 고생하지 않았을 텐데' 하고 후회한다.

- [ ] 나도 모르게 부모에게 상처를 준 것 같다고 느낀다.

- [ ] 무심코 한 말이나 행동 때문에 부모가 상처받을 수도 있으니 아무것도 하지 않는 편이 낫다.

- [ ] 부모가 나의 진심을 알게 되면 상처받을 게 분명하니까 아무 말도 하지 않는 편이 낫다.

- [ ] 부모는 불쌍한 존재이므로 내가 도와주어야 한다.

- [ ] 나를 키우느라 고생한 부모에게 은혜를 갚아야 한다.

- [ ] 부모에게 버려질까 봐 두려워서 부모가 좋아할 만한 일을 한다.

- [ ] 부모가 나를 싫어할지도 모르니 부모의 심기를 거스르지 않는다.

- [ ] 부모의 기대를 충족하지 못하면 부모는 내게 실망할 것이다.
- [ ] 실패하면 부모에게 혼날 것이다.
- [ ] 부모의 생각이 옳으니까 따라야 한다.
- [ ] 내 생각은 틀리기 쉬우니까 부모에게 내 의견을 말해서는 안 된다.
- [ ] 내 기분보다 부모의 기분이 더 중요하다.
- [ ] 잘하는 게 아무것도 없어서 부모에게 폐를 끼치고 있다.
- [ ] 공부를 못해서 부모에게 짐이 되고 있다.
- [ ] 부모에게 '죄송합니다'라는 말을 입버릇처럼 한다.
- [ ] 부모의 표정만 살필 때가 있다.
- [ ] 부모가 나를 어떻게 생각할지 걱정되어서 아무것도 말하지 못할 때가 있다.
- [ ] 부모가 내야 할 돈을 당연히 대신 낸다.
- [ ] 부모가 해야 할 일을 당연히 대신 한다.
- [ ] 책임감 때문에 부모의 불평을 들어준다.
- [ ] 책임감 때문에 부모를 위로한다.
- [ ] 책임감 때문에 부모의 문제를 해결해주려고 한다.
- [ ] 부모에게 인정받지 못하면 과도하게 좌절한다.
- [ ] 부모에게 혼나면 과도하게 좌절한다.

해당하는 항목이 5개 이상이라면 부모에 대한 두려움과 죄책감이 커서 부모에게 통제당하는 상태일 가능성이 큽니다. 부모와의 관계를 근본적으로 새롭게 정립해야 하는 상태일 수도 있습니다.

해당하는 항목이 10개 이상이라면 부모에게서 받은 영향 때문에 다른 인간관계에서도 문제를 겪고 있거나 마음에 치료가 필요한 상태일지도 모릅니다.

제1장

부모와의 관계는
모두의 숙제다

그동안 부모와의 관계 때문에 많이 힘들었을 것입니다.
이제 더는 혼자 고민하지 마세요. 당신은 혼자가 아닙니다.
자신의 삶을 되찾는 여정의 첫걸음을 함께 내딛어봅시다.
이 장을 통해 자녀를 통제하는 부모의 모습들을 알아보고
내가 겪고 있는 현실의 문제를 직시해봅시다.

성인이 되어도
부모에게 묶여 있는 사람들

지금부터 소개하는 자녀의 유형들은 제가 지어낸 것이 아닙니다. 우리 주변에서 흔히 볼 수 있는 사례들입니다.

성인이 된 후에도 부모가 반대한다는 이유로 하고 싶은 일을 포기하고 부모가 원한다는 이유로 하고 싶지 않은 일을 억지로 하는 사람들이 있습니다. 이들은 마치 부모의 노예처럼 어린 시절부터 성인이 되어서까지 부모에게 한 번도 반항하지 못하고 부모가 원하는 대로 살아갑니다. 부모를 과도하게 무서워하면서 말이죠.

부모는 그러한 자녀의 약점을 그냥 지나치지 않습니다.

언제까지나 자녀를 통제하려 하고 말과 행동을 조종하기 위해 자녀의 약한 부분을 공격합니다.

인간은 나이가 들수록 감정과 충동을 억제하기 힘들기 때문에 마음에 문제가 있는 부모는 나이가 들면 더욱 제멋대로 굴기 마련입니다. 그렇게 자녀를 계속 수족처럼 부리고, 형편이 나쁠 때는 자녀를 비난하고, 일이 잘 풀리지 않으면 자녀를 탓하면서 자녀에게 두려움과 죄책감을 심어줍니다.

부모에게 경제적으로 착취당하는 사람

부모에게 경제적으로 오랫동안 착취당해 자신을 위해서는 돈을 쓰지 못하고, 저축도 제대로 하지 못하는 사람이 많습니다. 자신의 수입을 부모에게 전부 줘버리는 사람도 있죠.

그런 사람의 부모는 '자식이 부모를 돕는 건 당연하다'라고 생각하며 돈을 달라고 하고, 불쌍한 모습을 보여주면서 자녀가 돈을 내놓게 만들기도 합니다. 그런 부모와 함께 살며 돈을 착취당하다 보면 자녀는 부모를 떠나 독립하기 힘들어집니다. 독립을 하려고 해도 필요한 돈이 없으므로 물리적으로 거리를 두기가 어렵죠.

오랫동안 부모의 통제를 받으면서 살았기 때문에 독립이 두렵기도 합니다. 이 나이에 혼자서 살 수 있을지 걱정되고, 문제가 있는 부모라 해도 막상 떨어져 지내려고 하면 겁이 나는 것이죠.

한편 함께 살지 않더라도 오랫동안 부모에게 경제적으로 도움을 주다 보면, 나중에 부모에게 돈을 주지 못하는 상황이 되었을 때 과도한 죄책감을 느껴 심리적으로 거리를 두지 못합니다. 부모가 돈도 없이 힘들게 생활하면서 노후를 보낼 것이라 생각하고 그렇게 된 것을 자신의 탓으로 돌립니다.

결혼마저 제 뜻대로 하지 못하는 사람

결혼을 앞두고 부모의 반대에 부딪히는 사람도 많습니다. 자녀의 결혼을 반대하는 부모는 자녀가 선택한 결혼 상대와 결혼하면 반드시 불행해질 것이라고 믿습니다. 학벌, 직업, 집안 등을 이유로 자녀가 선택한 결혼 상대를 인정하지 않는 것이지요. 결혼에 대해 사사건건 참견하며 고집을 부리다가 자녀의 결혼을 망치는 경우도 많습니다. 자녀가 부모의 뜻대로 움직이지 않으면 "부모를 버리려는 것이냐"라며 울며불며 매달리기까지 합니다.

자녀는 부모에게 축복받는 결혼을 하고 싶어서 어떻게든 부모를 설득하려고 합니다. 하지만 아무리 설득해도 반대는 심해지고 마음은 점점 괴로워집니다. 그러다 보면 '저 사람과 결혼했다가 정말 불행해지는 것은 아닐까?' 하는 의심이 들기 시작합니다. 결국 '이렇게 서로 괴로울 바에 그냥 다 포기하는 편이 낫겠다'라고 생각하며 이별을 택합니다.

그 후에는 부모의 마음에 들 만한 사람을 만나려고 하지만 그 역시 쉽지 않습니다. 어쩌다 마음이 가는 사람이 생겨도 부모가 반대할 것 같으면 또다시 포기합니다. 그러다 보면 어느새 결혼할 때를 놓치고 세월이 갈수록 과거에 이별을 선택한 것에 대한 후회는 깊어집니다.

죄책감 때문에 병이 든 부모를 억지로 돌보는 사람

　나이가 들면 병에 걸리거나 다치는 일이 잦습니다. 마음에 문제가 있는 부모는 인간관계를 맺는 데 서툴러서 타인의 도움을 받거나 함께 사는 것이 싫다는 이유로 요양 시설에 들어가는 것을 거부합니다. 그리고 그런 부모를 돌보지 않는 데에 죄책감을 느껴 어쩔 수 없이 직접 병간호를 하는 사람이 많습니다.

　나이가 들면서 더욱더 제멋대로 구는 부모를 돌보며 살아가는 것은 정신적으로 힘든 일입니다. 침대에 누워 꼼짝하지 못하면서 매일같이 이런저런 명령을 하고, 자기 뜻대로 되지 않으면 감정이 폭발하여 고함을 지르면서, 고맙다는 말이나 위로의 말을 건넬 줄도 모르는 부모를 돌보다가 결국 자녀는 인내심이 한계에 달합니다. 부모를 위해 이렇게까지 애를 쓰고 감정을 소모해야 한다는 것에 화가 납니다. 부모와 험한 말을 주고받기도 하다가, 엉겁결에 폭력을 행사하는 일까지 벌어집니다. '왜 내가 부모님을 돌본다고 했을까'라고 후회하고 언제까지 이렇게 살아야 하는지 알 수 없어 괴로워합니다.

앞서 소개한 세 가지 사례뿐 아니라 다양한 모습으로 부모와의 관계에서 어려움을 겪는 사람이 많습니다. 성인이 된 후에도 이들은 부모의 의도대로 인생과 감정을 통제당하고 있을 가능성이 큽니다.

'통제'란 어떤 목적에 따라 행위를 제한하거나 제약하는 것을 의미합니다. 이러한 통제는 인간관계에서 문제를 일으키는데, 특히 부모 자녀 관계에서 통제로 인한 문제가 발생하기 쉽습니다.

인간은 태어난 순간부터 자신의 힘만으로는 생존할 수 없으므로 누군가의 도움이 필요합니다. 그때 가장 중요한 존재는 '부모'입니다. 그런데 부모에게 문제가 있다면 관계 역시 문제가 생길 수 있습니다. 예를 들어 부모 자신의 마음대로 흘러가지 않는 상황 때문에 짜증이 나면 자녀를 꾸짖고, 자신의 문제를 자녀를 통해 해결하려고도 하며, 자녀가 자신이 바라는 모습으로 자라기를 지나치게 기대하기도 합니다.

이렇게 부모가 자신의 문제를 스스로 해결하려 하지 않고 자녀를 이용해 자신에게 유리한 상황으로 만들려고 하는 것이 바로 '통제'입니다. 통제적인 부모에게 매일같이 자신의 존재를 부정당하고 생각을 강요당한 자녀는 어느 날 문득 자신의 마음에 상처가 가득하다는 사실을 알아차립니다. 당신 역시 앞에서 소개한 체크리스트를 보며 마음의 상처를 알아차렸을지도 모르겠네요.

그렇다면 부모는 자녀를 어떤 방식으로 통제할까요? 지금부터 확인해봅시다.

자녀를 통제하고 억압하는
잘못된 사고방식

　부모가 자녀를 통제하는 방식은 다양합니다. 부모가 어떤 방식으로 자신을 통제하려고 하는지 알지 못한다면 앞으로도 계속 부모에게 휘둘리며 통제에서 벗어나지 못할 것입니다.

　지금부터 부모가 자녀를 통제하기 위해 주입한 사고방식 중 대표적인 네 가지를 소개하겠습니다. 부모가 당신에게 했던 말이나 행동을 떠올리면서 어느 유형에 해당하는지 확인해보기 바랍니다.

자녀에게 주입하는 대표적인 사고방식들

유형 1. 자녀는 부모에게 무조건 감사해야 한다

자신을 낳아주고 키워준 부모에게 감사함을 느끼는 것은 전혀 잘못된 게 아닙니다. 하지만 부모가 자녀에게 감사해야 한다고 강요하거나, 감사할 줄도 모른다며 비난한다면 부모에게 통제당하는 상황일 가능성이 큽니다.

'감사함'은 자연스럽게 우러나오는 감정입니다. 그런데 당신이 부모에게 감사해야 한다는 의무감과 책임감을 느낀다면 아직도 부모의 통제가 이어지고 있는 것일지도 모릅니다.

유형 2. 자식은 부모에게 은혜를 갚아야 한다

부모에게 경제적으로 많은 지원을 받았고, 부모가 자신을 위해 희생했기 때문에 언젠가는 그 은혜를 반드시 갚아야 한다고 생각하나요? 이런 생각을 하는 사람 역시 부모에게 통제당하고 있을 가능성이 큽니다.

만약 당신이 부모의 은행 계좌에서 몰래 돈을 인출하여 사용하고 있다면 그건 당연히 당신이 책임져야 하는 문제입니다. 하지만 당신이 떼를 써서 부모가 억지로 돈을 내게 만든 것이 아니라면 당신에게 그 돈을 쓰겠다고 결정한 건 부모입니다.

부모가 스스로 결정한 것인데도 자신이 그렇게 만들었다는 생각에 미안해하고, 죄책감 때문에 은혜를 갚아야 한다고 생각하는 것은 통제당하고 있는 사람이 보이는 특징적인 사고입니다.

유형 3. 자녀는 부모를 경제적으로 지원해야 한다

부모는 아직도 힘들게 살고 있는데, 자기만 자유롭게 살면 안 된다고 생각하며 하고 싶은 일을 꾹 참으면서 살아가는 사람들이 있습니다. 게다가 경제적으로 힘든 부모가 가족끼리 서로 돕는 건 당연하다며 돈을 요구하면 죄책감 때문에 큰돈을 내어주고 정작 자신은 저축도 제대로 하지 못하는 사람들도 있습니다.

하지만 부모는 당신이 힘들게 번 돈을 아껴 쓰는 모습은 보이지 않고, 당신이 보내주는 돈에만 의지하는 것처럼 보이기도 할 것입니다. 그렇지만 부모가 정말 그럴 것이라고 의심하지도 못하고, 고생하는 부모를 돕지 않는 사람이야말로 냉정하고 나쁘다고 생각하며 애써 모른 척합니다.

이러한 상태 또한 부모에게 통제당하는 자녀가 자주 보이는 유형입니다.

유형 4. 자녀는 부모를 보호해야 한다

어렸을 때부터 어머니를 불쌍하게 여겨왔고 성인이 된 후에는 어머니를 혼자 둘 수 없다는 생각에, 자신의 삶과 마음은 뒷전에 두고 온 힘을 다해 어머니를 지키려고 하는 사람들이 있습니다.

사실은 어머니와 함께 있는 것이 숨 막히지만 어머니가 불쌍하니까 어쩔 수 없다고 스스로를 위로하며 하루하루를 보내지요. 가끔은 혼자만의 시간을 가지려 해도 어머니의 집착과 비난에 시달리니 도대체 어떻게 해야 할지 몰라 계속 괴로워합니다. 이러한 상태도 부모에게 통제당하는 자녀가 보이는 대표적인 유형 중 하나입니다.

마음이 건강한 부모는
절대 하지 않는 행동

친구가 자신의 부모에 대해 하는 이야기를 듣고 나의 부모와 너무 다르다는 사실에 놀란 적 있나요?

다른 사람의 이야기를 듣다가 비로소 자신의 부모가 평범하지 않다는 것을 알게 될 정도로 자신의 부모에게 문제가 있다는 사실을 알아차리기란 어렵습니다. 폭력이나 방임처럼 눈으로 확인하기 쉬운 문제라면 어렸을 때부터 알아챘을 테지만 부모가 안고 있는 마음의 문제는 눈에 보이는 사실만으로는 파악하기 어려워서 그것을 알아차리지 못한 채 오랫동안 고통스러워하는 사람이 많습니다. 또는 유교 문화권에서 자랐기 때문에 알아차리지 못하는 것일 수도 있습니다.

부모와의 관계에 대한 고민을 누군가에게 털어놓는 게 어렵다는 걸 한 번쯤은 느껴본 적이 있을 것입니다. '부모가 너무 밉고, 부모와의 관계 때문에 고민이라고 말했다가 욕 먹으면 어쩌지……' 하고 말이지요. 지금까지 저에게 상담을 받았던 내담자들도 그런 걱정을 했습니다.

우리는 가부장적 사고방식이 강한 나라에서 태어나고 자랐습니다. 부모는 무조건 옳고, 자녀는 그런 부모를 따르는 게 당연한 분위기였습니다. '효도'라는 표현이 존재하듯 부모를 존경하고 소중하게 대하는 것이 미덕으로 여겨지는 나라에서 태어나, 부모를 좋아하지 못하는 사람은 나쁜 것 같고, 그런 자신이 어딘가 잘못된 것 같아서 죄책감을 느끼다 보니, 부모의 문제를 알아채지 못하는 사람이 아주 많습니다.

마음이 건강하지 않은 부모의 유형

지금부터 마음이 건강한 부모와 건강하지 않은 부모가 가진 생각이 어떻게 다른지 살펴보겠습니다. 만약 부모의 심리 상태가 건강하지 않다면 당신은 어른이 된 지금도 상처받고 있을 가능성이 큽니다. 마음이 건강하지 않은 부모가 보이는 특징적인 행동 유형 네 가지는 다음과 같습니다.

유형 1. 자녀의 선택에 간섭한다

마음이 건강한 부모는 자녀에게도 선택권이 있다는 사실을 인정합니다. 좋아하는 것을 얻고 싫어하는 것을 피하는 것이 인생을 행복하게 살아가는 데 중요하다는 것을 알기 때문에, 자녀가 자유롭게 선택할 수 있도록 해주지요.

하지만 마음이 건강하지 않은 부모는 자녀가 잘못된 선택을 하지 않도록 간섭합니다. 여기서 기준은 오로지 부모에게 있습니다. 자녀가 선택한 것이 부모의 가치관에 맞지 않으면 잘못된 것으로 간주하고, 부모가 옳다고 생각하는 길에서 벗어나지 않도록 간섭합니다.

유형 2. 자녀를 자신보다 부족한 존재로 본다

마음이 건강한 부모는 자녀와 수평적인 관계를 만들려고 합니다. 부모가 항상 옳다고 생각하지도 않고 자녀이기 때문에 무조건 부모의 의견을 따라야 한다고 강요하지도 않습니다. 그런 환경에서 자녀는 안심하고 자신의 주장을 자유롭게 펼칠 수 있습니다. 또한 부모의 의견을 따르지 않아도 자신을 비난하지 않을 것이라고 믿기 때문에 옳다고 생각하지 않는 의견은 단호하게 거절합니다.

하지만 마음이 건강하지 않은 부모는 자신이 우위에 있다는 것을 과시하기 위해서 자녀를 자신의 아래에 두려고 합니다. 늘 자신이 우위에 있다고 생각하며 자녀가 자신을 따르지 않으면 비난합니다. 부모를 존중하지 않는 것이 얼마나 나쁜 일인지 설교하고 나무라며 부모에게 더욱 감사해하고 존중하라고 이야기합니다.

유형 3. 자녀의 의견을 묵살하고 부정한다

마음이 건강한 부모는 자녀를 스스로 고민하고 결정할 수 있는 사람으로 키우려고 합니다. 부모가 영원히 자녀를 지켜줄 수는 없으므로 자녀가 자신의 힘으로 살아갈 수 있도록 돕는 것이 부모의 역할이라고 생각하기 때문입니다.
또한 자녀가 자신의 일을 스스로 고민하고 결정했을 때 비
로소 행복해질 수 있다는 사실도 알고 있지요.

하지만 마음이 건강하지 않은 부모는 자신의 생각을 자
녀에게 강요합니다. 부모인 자신이 옳다고 생각하는 것이
자녀에게도 옳을 것이라고 믿기 때문입니다. 자녀의 의견
에 귀를 기울이지 않고, 부모의 말대로 하면 실패할 일은
없다고 단정 지으며 자신의 의견을 강요합니다.

유형 4. 자녀에게 보답을 바란다

마음이 건강한 부모는 자녀가 자신의 힘으로 살아갈 수
있을 때까지는 부모가 책임을 지는 게 당연하다고 생각하
며 정성을 다해 자녀를 키웁니다. 보답은 바라지 않지요.
자녀가 감사하는 마음을 가지는 것은 기쁘지만 그렇다고
해서 키워준 은혜를 갚으라고 하지는 않습니다. 자녀의 성
장 자체가 부모에게는 가장 큰 보답이라고 생각하기 때문
입니다.

하지만 마음이 건강하지 않은 부모는 양육을 '고생'이라
고 받아들입니다. 그래서 "모든 걸 희생해서 키웠다" "키우

느라 고생했다"라는 말을 하는 것이죠. 그리고 자신의 노력이 물거품으로 돌아가지 않도록 자녀에게 부모가 만족하는 방식으로 살아가라고 요구합니다.

부모에게 나쁜 의도가 있는 것일까?

　상담을 할 때 내담자에게 "부모가 나쁜 뜻으로 그러는 건가요?"라는 질문을 많이 받습니다. 사실 부모에게 나쁜 의도는 거의 없습니다. 다양한 유형의 부모 자녀 관계를 만나봤지만, 자녀에게 상처를 주고 싶어서 상처를 주는 부모는 극소수에 불과했습니다. 대부분 불안도가 강해 마음에 여유가 없는 부모가 자녀와 올바른 관계를 맺지 못하고 결과적으로 자녀에게 상처를 주는 것이었죠.

　이런 부모는 자녀가 부모의 말과 행동을 거부해도 그만두지 않습니다. '전부 자녀를 지켜주려고 하는 말인데, 그걸 따르지 않는 쪽이 문제다' '부모의 깊은 뜻을 몰라주는 쪽이 나쁘다'라며, 자녀 쪽에 문제가 있다고 믿는 경우가 대부분입니다.

어린 시절에는 무엇이 옳고 그른지 판단하지 못했을 것입니다. 그러니 메마른 스펀지가 물을 흡수하듯이 부모의 편향된 생각을 의심 없이 받아들였을 것이고, 어른이 된 지금도 부모가 당신을 통제하기 위해 자신에게 유리한 쪽으로 하는 말을 완전히 믿고 있을지도 모릅니다. 하지만 그런 말을 믿을수록 부모의 통제에서 벗어나기 더욱 힘들어질 뿐입니다.

자녀를 가스라이팅하는 부모의 말

마음이 건강하지 않은 부모가 보이는 행동 유형을 살펴보았습니다. 지금부터는 부모가 자신에게 유리한 쪽으로 하는 말들을 살펴보고 그 말이 사실인지 확인해봅시다.

그대로 믿으면 안 되는 부모의 말들

경험이 풍부하므로 부모의 생각은 옳다

사고방식은 사람마다 다른 게 당연합니다. 그리고 어떠

한 사고방식을 옳다 그르다 판단하는 기준 또한 사람마다 다릅니다. 부모 자녀 관계에서도 예외는 아니지요. 아무리 부모가 올바른 생각을 가진 것처럼 보여도 그것이 자녀의 인생에서도 옳다고 볼 수는 없습니다.

부모의 뜻에 따라 살아가다가 문득 정신을 차리니 생각지도 못한 곳에서 떠돌고 있다는 사실을 알아차릴 때만큼 무서운 순간은 없습니다. 스스로 고민하고 결정한 길이 아니기 때문에 강렬한 후회에 사로잡히기도 하겠지요. '이런 삶은 내가 원하는 것이 아니었는데' 하며 뒤늦게 후회해도 시간을 되돌릴 수는 없습니다.

좋은 학교, 좋은 회사에 들어가면 행복하게 살 수 있다

부모에게서 '좋은 학교, 좋은 회사에 들어가면 행복하게 살 수 있다'는 이야기를 듣고 자라서 그게 사실이라고 믿는 사람이 많을 것입니다. 하지만 그렇게 한다고 해서 정말 행복할 수 있을까요?

물론 사회적으로 성공하면 돈 걱정 없이 살 수 있고 풍족하게 생활할 수도 있습니다. 그러나 그러한 삶에서 행복을 느낄 수 있는지는 다른 이야기입니다. 돈이 넘칠 듯이 많고 좋은 물건을 많이 갖고 있어도 마음이 텅 빈 것처럼 공허한 사람도 있고, 높은 지위에 올라 있어도 아무도 믿지 못해 외롭게 살아가는 사람도 있습니다.

좋은 학교, 좋은 회사에 들어가면 행복할 것이라고 주장하는 부모는 자녀에게 스스로 살아나갈 힘이 있다고 믿지 않기 때문에 부모가 지켜주지 않으면 자녀가 불행해질 거라고 단정 짓습니다. 결국 자녀에 대한 믿음이 부족한 부모가 자녀에게 자신이 생각하는 성공적인 인생을 살게 함으로써 걱정을 덜고 싶기 때문에 하는 말입니다.

부모가 인정하지 않는 상대와 결혼하면 불행해진다

부모의 결혼 반대는 심리 상담소에서 자주 다루는 상담 주제입니다. 자녀의 결혼을 반대하는 부모가 자주 하는 이야기 중 하나는 '부모가 인정하지 않는 상대와 결혼하면 불행해진다'는 것이었습니다. 과연 그 말은 사실일까요?

인간은 자신의 힘으로 선택하고, 자신의 가치관에 따라 결정을 하고, 일이 잘 풀릴 때는 스스로를 칭찬하고, 일이 잘 풀리지 않을 때는 그 경험을 통해 교훈을 얻어 이후의 삶에 활용하면서 살아갈 때 행복을 느낍니다.

이와 반대로 불행한 인생이란 자신의 힘으로 선택하지 않고, 자신의 가치관에 따라 결정을 내리지 않으며, 타인의 의견을 따르고, 다른 사람의 눈치를 보면서 살아가는 것입니다. 부모는 자녀의 행복을 바라며 결혼을 반대하는 것일 수 있지만, 사실은 그런 부모야말로 자녀를 불행하게 만드는 것일지도 모릅니다.

누구와 결혼할 것인가, 그 사람과 어디에서 어떻게 살아갈 것인가를 스스로 결정할 자유는 누구에게나 있습니다. 그 자유를 억압받지 않을 때 우리는 행복한 인생을 만들어갈 수 있습니다.

자녀는 당연히 부모를 도와야 한다

유교 사회에서는 부모를 극진히 보살피는 효자의 이야기가 미담처럼 전해집니다. 부모가 힘든 상황에 처해 있을 때 자녀가 부모를 돕는 것을 당연하게 여기는 사회적인 분위기 때문에 괴로워하는 사람이 많습니다.

물론 부모를 보살피면서 자녀도 행복하다면 문제가 아닙니다. 하지만 부모가 매일같이 쏟아내는 불평불만을 듣는 게 싫어도 자녀라는 이유로 거절하지 못하거나, "힘들게 낳아줬더니" "내가 너를 어떻게 키웠는데"라는 말 때문에 죄책감을 느껴서 부모를 돌보는 등 자신을 희생하는 방식으로 부모를 돕고 있다면 문제입니다.

당신이 자신을 희생하면서 부모를 돌보면 부모는 스스로 살아가는 힘을 잃어갈 것입니다. 문제가 생기면 모두 당신 탓으로 돌리고, 늘 문제를 대신 해결해주는 당신에게 의지하면서 자신의 인생에 책임감을 가지지 못하게 될 것입니다.

부모에게 효도를 해야 한다

다른 사람들은 자녀가 부모에게 효도하는 것을 당연하게 생각하는 것 같은데, 자신은 그럴 수 없어서 괴로워하는 사람들이 의외로 많습니다. 당신은 어떻게 생각하나요?

효도를 의무라고 생각하면 자신을 희생하면서 불행한 삶을 살게 됩니다. 효도든 보답이든 선의로 이루어지는 것이지 의무가 아닙니다. 효도든 보답이든 할지 말지는 당신이 결정하면 됩니다.

마음이 건강한 부모는 자녀의 양육은 부모의 책임이라고 생각하며 보답을 바라지 않고, 자녀의 의견을 무시하거나 자신의 의견을 강요하지도 않습니다.

　효도나 보답은 마음에서 자연스럽게 우러나는 감정에서 비롯되어야 합니다. 그러니 부모에게 효도하고 보답할 때 행복을 느끼는 사람만 하면 되는 것이지요.

자녀의 태도가
부모의 문제를 키운다

지금부터 이야기하는 상황을 상상해보세요. 당신은 어느 지역의 주택에서 살고 있습니다. 그런데 옆집의 이웃이 당신을 매우 성가시게 합니다. 당신의 집과 옆집 사이에는 경계를 나타내는 울타리가 쳐져 있었지만, 이웃은 그 울타리를 자꾸 넘어옵니다. 그렇게 당신의 집 마당에 들어와서는 당신의 생각을 부정하고 자신들의 의견을 따르라며 강요합니다. 하지만 당신은 그들이 두려워서 지금까지 아무 말도 하지 못했습니다. 그들이 하는 말을 거부하면 안 좋은 일이 일어날 거라고 생각했으니까요.

어느 날, 당신은 그들의 무례함이 도를 넘자 인내심이 한 계에 다다라 불편한 마음을 솔직하게 표현했습니다. 하지만 그들은 그만두기는커녕 "당신을 위해서 그런 거다" "이웃 사이에 그 정도 일로 화낼 것까지 있느냐" 하고 대꾸했습니다.

그러자 당신은 이웃에게 불편함을 드러낸 자신이 잘못한 게 아닐까 하는 생각이 들어서 더 이상 아무 말도 할 수 없었습니다. 이웃의 기분을 상하게 하지 않으려고 눈치를 보면서 늘 두려움과 죄책감을 느끼며 거리를 두지도 못한 채 말입니다.

벌써 눈치챘겠지만 위의 이야기는 마음에 문제가 있는 부모와 그 부모에게서 오랫동안 통제당하며 자란 자녀의 관계를 비유한 것입니다. 이 이야기를 읽고 '그런 이웃과는 엮이고 싶지 않아. 당장이라도 거리를 둬야 해!'라고 생각했으나, 막상 그들을 이웃이 아니라 부모라고 바꿔서 생각하니 다른 감정이 느껴지진 않았나요?

상대가 나와 상관없는 타인이라고 가정했을 때 자연스럽게 느껴지는 감정이 바로 당신의 진심입니다. 그 상대가 부모라는 이유로 거리 두기가 고민된다면 부모에게 통제당하고 있는 것입니다. 자신에게 해가 되는 사람들과 엮이고 싶지 않은 것은 자연스러운 반응이니까요.

지금부터라도 마음에 문제가 있는 부모에게 상처받지 않으려면 어떻게 해야 할까요? 이때 필요한 개념이 바로 '경계선'입니다. 경계선이란 부모의 영역과 자신의 영역을 구분하는 선입니다. 이 개념을 활용하면 부모 자녀 관계에서 발생하는 다양한 문제의 원인을 쉽게 파악할 수 있습니다. 또한 무엇이 옳고 무엇이 그른지 명확하게 분별할 수 있고, 마음에 문제가 있는 부모의 발언이나 행동에 휘둘리지 않을 수 있습니다.

경계선이란 마음에 문제가 있는 부모의 통제를 거부하고, 자신의 힘으로 선택하고 고민하고 결정하면서 자기다운 인생을 살아가기 위해서 꼭 필요한 개념입니다.

부모의 문제를 키우는 자녀의 태도

부모와 자신 사이에 경계선을 긋지 않고 부모와의 관계를 방치한다면 문제는 더욱 커질 수밖에 없습니다. 실제로 심리 상담을 진행하다 보면 부모의 문제를 키우고 있는 내담자들을 많이 만납니다. 비율로 말하자면 무려 100%이지요. 믿기 어렵지만 사실입니다. 심리 상담소를 찾은 모두가 부모와 자신 사이에 경계선을 긋지 못하고 있습니다.

예를 들어 진심으로 하고 싶은 일이 있었지만 부모가 인정해주지 않을 것 같아서 일찍이 포기하고 부모의 의견을 따르며 살았다고 합시다. 하지만 정작 부모는 자녀가 하고 싶은 일을 포기하게 만들려는 생각은 없었을지 모릅니다. 오히려 자신은 좋은 부모이기 때문에 자녀에게 도움이 될 것이라 생각해 의견을 말한 것이며 자녀가 그 의견을 따르는 게 당연하다고 생각했을지도 모릅니다. 그리고 자신의 의견을 순순히 따르는 자녀를 보면서 '역시 내가 옳았어'라고 생각했겠죠. 이런 일이 반복될수록 자녀를 통제하려는 생각은 강해지고, 자녀의 마음을 살피거나 자녀의 삶을 존중해야 한다는 생각은 약해질 것입니다.

만약 당신이 정말 하고 싶지 않은데도 부모에게 미안하니까 무리해서 부모가 바라는 대로 행동하고 있다면, 당신은 부모의 통제를 받고 있다는 생각조차 못 하고 있을 것입니다. 오히려 고생해서 나를 키워주었으니 부모의 요구를 받아들이는 것이 당연하다고 생각할지도 모르죠. 하지만 부모 입장에서는 자녀가 자신이 바라는 건 뭐든 들어주니까 '좀 더 요구해도 되겠지'라고 생각하며 더욱 자녀를 위해 희생하는 부모인 것처럼 행동합니다.

부모가 원한다는 이유로 부모의 의견을 따르고 있다면, 그것은 부모를 경계선 너머 자신의 영역으로 불러들여 "저에게 더 의존하세요. 저를 지배해주세요"라고 말하는 것과 같습니다. 그런 관계가 계속되면 자녀를 지배하는 부모, 자녀에게 의존하는 부모가 만들어지는 것입니다.

감옥에 갇힐 것인가, 자유를 찾을 것인가

부모와의 관계 때문에 고민하고 있는 당신 앞에는 두 가지 길이 놓여 있습니다.

하나는 '감옥'으로 이어지는 길입니다. 그 길을 따라가면 부모가 지시하는 대로 살아가는 인생이 기다리고 있습니다. 당신은 늘 두려움과 죄책감으로 가득 차서 부모의 눈치를 보면서 살아갈 것입니다. 하고 싶은 일이 있어도 부모에게 인정받을 수 없을 것 같다면 포기해야 하지요. 하고 싶지 않은 일이라도 자신이 거절하면 부모가 상처받을까 봐 억지로 합니다.

다른 하나는 '자유'로 이어지는 길입니다. 그 길을 따라가면 자신의 가치관에 따라 결정하는 인생이 기다리고 있습니다. 부모에게 휘둘리지 않고 자신의 감정과 생각을 우선으로 하며 살아갈 수 있습니다. 자신에게 어울리는 일을 하고 자신의 가치관에 맞지 않는 일은 하지 않으며, 언제나 자신의 인생은 자신의 것이라고 느낄 수 있지요.

당신은 어떤 길로 가고 싶나요? 중요한 것은 자신의 힘으로 선택하고 결정하는 것입니다. 당신에 대한 것은 무엇이 되었든 당신이 결정해도 됩니다.

다음 장에서는 마음에 문제가 있는 부모의 심리에 대해서 살펴보겠습니다. 부모의 심리를 제대로 파악하고 어떤 의도로 자신에게 상처를 주었는지 알게 된다면 복잡한 생각과 마음을 정리할 수 있고 부모를 향한 죄책감도 덜어낼 수 있을 것입니다.

부모와 나 사이에 경계선을 긋는 일은 매우 중요합니다.
마음속에서 부모와 자신을 분리함으로써
내가 원하는 대로 선택하고 스스로 책임지며
자유롭게 살아가는 인생의 출발점에 설 수 있습니다.

제2장

부모는 왜
자녀를 지배하려 하는가

자녀를 통제하는 부모의 심리를 살펴봅니다.
부모가 왜 자녀인 당신의 마음에 상처를 주는지,
왜 당신을 지배하거나 의존하려고 하는지,
이해할 수 없었던 행동의 이유를 알아보고
끝이 없을 것 같던 괴로운 질문을 멈춰봅시다.

부모는 도대체
나에게 왜 그랬을까?

부모를 생각하는 것만으로도 기분이 안 좋아진다거나 너무 화가 난다고 말하는 사람들이 있습니다. 당신도 그런 적이 있나요?

부모에 대해 떠올리고 싶지 않을 때도, 갑자기 안 좋았던 기억이 떠올라서 괴로울 때도 있을 것입니다. 과거의 일이 생각날 때마다 '그때 그 일 때문에 아직 힘들다니' '그런 부모가 아니었더라면 더 행복할 수 있었을 텐데'라는 생각이 들어서 괴로운 사람도 많겠지요.

그때 느끼는 괴로움의 정체는 분노와 후회입니다. 부모

에게 적절한 돌봄을 받지 못했다는 분노와 그런 부모에게서 거리를 두지 못했던 과거에 대한 후회입니다. 이 두 가지 감정 때문에 부모의 마음에 대해 알아보려는 시도 자체가 괴로워집니다.

미워하는 부모에 대해서 굳이 알 필요가 있냐고 생각할 수 있지만 그러한 분노와 후회는 부모를 모르기 때문에 느끼는 것입니다. 분노를 느낄 때는 의문으로 가득 찬 머릿속에 부모를 세워두고 질문을 퍼붓습니다.

'나한테 대체 왜 그랬어요?'
'나한테 왜 그렇게 해주지 않았어요?'

하지만 머릿속에서 질문을 받은 부모는 어떤 대답도 해주지 않으므로 아무리 혼자서 고민해도 답을 알 수 없고 의문이 해소되지 않습니다. 그러다 보니 화도 풀리지 않습니다. 한편 후회가 될 때는 무엇이 정답인지 몰라서 자신을 비판합니다.

'그때 왜 그렇게 하지 않았지?'

'나는 왜 하필 그런 부모에게서 태어났을까?'

　자신이 어떻게 해야 했는지 답을 찾지 못해서 과거의 일을 끝맺지 못하니까 후회가 계속됩니다. 그런데 아이러니한 점은 그렇게 분노하거나 후회하는 순간에 당신이 굳이 부모를 머릿속에 등장시키고 언제나 부모에 대한 것만 생각하고 있다는 사실입니다.

부모의 마음이 지닌 문제를 알 때 얻을 수 있는 것

　만약 당신이 이미 부모와 거리를 두고 있는데도 분노와 후회를 멈출 수 없다면 부모의 문제를 분명하게 파악하고 부모 자녀 관계에 대한 올바른 사고방식을 가질 필요가 있습니다. 부모가 지닌 마음의 문제를 안다면 다음과 같은 네 가지 이득을 얻을 수 있습니다.

이득 1. 분노하는 일이 줄어든다

　부모가 얼마나 미숙하고 제멋대로인 존재인지 구체적으

로 깨닫고, 부모에게 어떤 문제가 있는지, 어떤 목적으로 당신에게 상처를 주는 발언이나 행동을 하는지 알 수 있다면 '도대체 부모라는 사람들이 나에게 왜 그랬을까?'라는 물음으로 자신을 괴롭히는 일이 줄어듭니다. 그리고 굳이 부모를 자신의 머릿속에 등장시키고 화를 내며 비난하지 않아도 됩니다.

'나에게 대체 왜 그랬을까?'라며 질문하기를 반복하거나, '나도 이렇게 받아칠걸' 하며 공격심에 사로잡힐 필요도 없어집니다.

이득 2. 후회하는 일이 줄어든다

부모가 가진 마음의 문제가 무엇인지 안다고 해서 과거를 바꿀 수는 없습니다. 다만 과거의 경험에서 교훈을 얻을 수는 있습니다.

어린 시절에는 부모가 권력을 이용하여 어린 당신을 통제하려 할 때 대응할 방법이 많지 않았을 것입니다. 하지만 지금 성인이 된 당신은 부모에게 얼마든지 대응할 수 있습니다.

부모가 가진 마음의 문제가 무엇인지 제대로 알고 공부

한다면 미래에 후회할 만한 일을 하지 않을 수 있습니다. 또한, 어린 시절에는 할 수 있는 일이 없었다는 것을 받아들이며 자신을 향한 비판을 멈출 수 있고 과거에 대한 후회로 괴로워할 필요도 없어집니다.

이득 3. 죄책감을 느끼는 일이 줄어든다

마음에 문제가 있는 부모는 자녀를 이용해서라도 자신의 목적을 이루겠다는 생각을 무의식적으로 하기 때문에, 공격적인 태도로 자녀를 지배하려 하거나 불쌍한 모습을 보여주면서 자녀에게 의존하려고 합니다. 그럴 때 부모가 어떤 마음의 문제를 가졌는지 알고 있으면 '내가 나서서 부모의 문제를 해결하려고 하지 않아도 되고, 문제를 일으키는 부모와 거리를 두어도 된다'고 생각할 수 있습니다. 그러면서 스스로를 비난하며 좌절하거나 죄책감을 느끼는 일도 줄어들 것입니다.

이득 4. 자신감을 가질 수 있다

부모가 지닌 마음의 문제가 무엇인지 알면 이후에 부모가 어떤 행동을 할지 예측할 수 있습니다. 부모가 당신을 이용하면서까지 이루려고 했던 목표가 무엇인지 알면 그 후에 당신에게 할 법한 말이나 행동을 쉽게 예측할 수 있습니다. 부모의 행동을 예측할 수 있으면 미리 대책을 세워둘 수 있고, 부모의 문제에 휘말리지 않기 위해 어느 정도 거리를 두어야 하는지도 알 수 있습니다.

부모가 지닌 마음의 문제가 무엇인지 알고, 미래를 예측하고, 적절한 대책을 세울 수 있게 되면, 자신의 인생을 스스로 통제하고 있다는 것을 실감하면서 자신감을 얻을 수 있습니다.

자녀를 지배하려는 부모에겐
콤플렉스가 있다

콤플렉스란 우리의 무의식에 존재하는 것이므로 평소에는 의식하지 못합니다. 하지만 콤플렉스가 행사하는 영향력은 크기 때문에 자신도 모르게 두려움을 느끼게 하고, 생각한 대로 행동하지 못하게 하며, 자신감 부족으로 사람들과의 의사소통에서 문제를 일으키기도 합니다.

지금부터 자녀의 자유를 존중하지 못하고 지배 또는 의존을 반복하는 부모가 가진 콤플렉스를 네 가지 유형으로 나누어서 살펴보겠습니다.

문제 있는 부모가 가진 콤플렉스들

콤플렉스 1. 상실에 대한 불안

상실에 대한 불안을 안고 있는 부모는 무의식적으로 자신은 사랑받을 자격이 없다고 단정 지으며 언젠가 소중한 것을 잃게 될 것이라는 생각에 지나치게 불안해합니다. 그런 부모 중 대부분이 자녀에게서 삶의 보람을 찾으며 의존하려고 합니다.

이런 부모는 자녀의 자유를 존중할 줄 모릅니다. 자녀가 언젠가는 자신의 곁을 떠나지 않을까 불안해하며 계속해서 감시하려고 합니다. 자녀가 성인이 되어도 언제 어디서 누구와 무엇을 했는지 알고 싶어 하며 과도하게 간섭합니다. 하지만 자녀의 모든 행동을 파악하는 것은 어려우므로 통금시간을 엄격하게 관리하거나 외출을 제한하기도 합니다. 자녀가 성장하여 부모 품을 떠나서 살기 시작하면 매일같이 전화하거나 본가에 자주 방문하라며 강요하기도 합니다.

이러한 행동은 자녀가 자신에게서 멀어지면 자신의 존재 의미가 없어질 것 같아서 불안해진 부모가 자녀를 자신의 곁에 붙들어 떠나지 못하게 하려는 심리에서 비롯된 것입니다.

콤플렉스 2. 고독과 고립에 대한 불안

고독과 고립에 대한 불안을 안고 있는 부모는 무의식적으로 자신이 언젠가는 혼자 남아 외롭게 살아갈 것이라고 단정 짓습니다. 독립심이 부족하므로 자신의 힘으로 살아가기 위해 노력하지 않고 언제까지나 다른 사람에게 의존하려고 하지요. 그런 부모가 의존 대상으로 삼기 쉬운 것이 자녀입니다. 자신에게는 힘이 없다고 믿기 때문에 자신이 해야 할 일을 자녀에게 떠넘기려 합니다. 일상생활부터 심리적인 문제까지 자녀에게 의존하는 부모가 이러한 유형의 콤플렉스를 가지고 있습니다.

'부모가 고생해서 키워줬으니 자녀는 당연히 보답해야 한다' '자녀는 부모를 돌보아야 한다'며 자녀에게 의지하려고 하는 부모도 이러한 유형의 콤플렉스를 가지고 있습니다. 만약 자녀가 의존하려는 부모를 거부하기라도 하면 갑자기 불쌍한 모습을 보여주면서 '자식에게 배신당해서 상처받았다'며 비극의 주인공이라도 된 것처럼 호소하지요.

또한 자신은 피해자라고 생각하므로 자녀가 자신의 뜻에 따르지 않으면 '연을 끊겠다' '죽어버리겠다'는 말로 협박하기까지 합니다.

콤플렉스 3. 무가치와 무능에 대한 불안

무가치와 무능에 대한 불안을 안고 있는 부모는 무의식적으로 자신이 다른 사람에 비해 가치 없는 존재이고 능력도 부족하다고 단정 짓고 있습니다. 이러한 부모는 두 가지 유형으로 나뉩니다.

첫 번째는 자기를 비판하는 유형입니다. 이 유형의 부모는 타인을 과도하게 신경 쓰고 창피당하는 것을 극도로 싫어합니다. 자신이 가치 없는 존재라는 것을 들키고 싶지 않으므로 다른 사람과 관계 맺는 것을 피하고 고립을 선택하지요. 자기보다 가치 있어 보이는 사람을 마주하면 자신감을 잃어서 좌절하고 시기합니다.

두 번째는 타인을 비판하는 유형입니다. 이 유형의 부모는 다른 사람에게 대단해 보이고 싶어서 허세를 부립니다. 자신의 약점은 감추고 강점을 과시하기 위해 자기 자랑이나 고생담을 끊임없이 늘어놓기도 하고 거만한 태도를 취하기도 하지요. 한편 자기보다 가치가 없어 보이는 사람을 만나면 깔보거나 괴롭힙니다.

두 유형 모두 집 밖에서 자신의 부족함을 숨긴 데 대한 반작용으로 가족들에게는 권위적으로 굽니다. 자녀가 좋은 학교에 들어가고 누구나 알 만한 회사를 다니다가 집안이 좋고 능력이 뛰어난 사람과 결혼하기를 바라는데, 이는 자녀가 사회적으로 성공하면 자신의 가치도 올라간다고 믿기 때문입니다.

콤플렉스 4. 자유를 침해당할 것이라는 불안

이 유형의 부모는 무의식적으로 다른 사람이 자신의 자유를 침해할 것이라고 단정합니다. 심지어 가족도 자신의 자유를 방해하는 존재로 봅니다.

정신적으로 미성숙하고 책임감이 부족해서 고생하지 않고 편하게 살고 싶다는 바람이 강합니다. 자녀에게 무관심하여 부모로서 자녀의 마음을 성장시키고 지켜주는 역할을 하려고 하지 않습니다. 자녀는 방치한 채 언제나 본인의 삶을 우선시하며 자신의 취미 활동에만 돈과 시간을 쓰기도 하지요.

자녀가 성장하여 일할 수 있는 나이가 되면 돈을 달라고 조르는 부모도 적지 않습니다. 자녀가 주는 돈만 믿고 일을 하지 않고 '가족은 서로 도와야 한다'는 이유로 자녀의 돈을 빼앗듯이 가져가는 경우도 흔합니다.

　계획을 세우는 데 서툴러서 저축이나 절약을 하지 못하고, 정리정돈을 잘하지 못해 집이 물건으로 넘쳐나는 경우도 많습니다.

자녀의 인생에서
주인이 되려는 부모

　앞서 부모가 안고 있는 마음의 문제를 이해하기 위해 네 가지 유형의 콤플렉스에 대해 살펴보았습니다. 당신의 부모는 어떤 콤플렉스를 가진 것 같나요?

　지금까지 심리 상담을 통해 많은 부모를 분석해보면 대부분 두 가지 이상의 콤플렉스를 가지고 있었습니다. 어머니 쪽은 상실에 대한 불안, 고독과 고립에 대한 불안을 가진 경우가 많았고, 아버지 쪽은 무가치와 무능에 대한 불안, 자유를 침해당할 것이라는 불안을 가진 경우가 많았습니다. 그중에는 네 가지 유형의 콤플렉스를 모두 가진 부모도 있었습니다.

콤플렉스를 가진 부모는 콤플렉스의 유형에 상관없이 모두가 경계선을 넘어서 자녀의 영역을 침범하고 통제하려고 합니다. 그런 부모는 자신이 만들어낸 불안이 자녀에게서 비롯된 것이라고 착각합니다. 따라서 눈앞의 자녀가 자신이 생각하는 이상적인 모습으로 바뀐다면 마음을 놓을 수 있을 것이라고 무의식적으로 믿습니다. 그렇기 때문에 자녀가 선택한 인생을 부정하고 부모에게 유리한 방향으로 살아가라고 강요하는 것입니다.

부모가 침범하는 세 가지 영역

부모와의 관계 때문에 저와 심리 상담을 진행했던 내담자들 중 대부분이 가치관, 감정, 책임이라는 세 가지 영역에서 고민을 안고 있었습니다. 대부분의 내담자들은 지금부터 소개할 부모의 행동 때문에 죄책감을 느끼거나 자신의 감정을 신뢰하지 못했으며, 부모와의 문제를 해결하지도 못했습니다.

가치관 강요

콤플렉스를 가진 부모들이 자녀를 통제하기 위해 가장 먼저 하는 일은 가치관을 강요하는 것입니다. 부모에게 옳고 이득이 되는 쪽으로 가치관을 강요하며 지시를 내리고 명령을 합니다. 자녀가 아무리 애를 써도 부모가 만족스럽지 않다면 그 노력을 부정하기도 합니다.

감정 강요

인내심이 한계에 달한 자녀가 부모에게 반항할 때도 있습니다. 이때 부모는 자신이 옳은 일을 하고 있다고 믿고 있으므로 자신을 피해자라고 생각하며 자녀에게 감정을 강요합니다. 또한 부모가 자녀를 얼마나 위하는지 이야기하거나 자녀가 스스로 내린 선택으로 얼마나 불행해질 것인지 예측하면서 죄책감을 느끼게 하는 말을 끊임없이 합니다.

책임 강요

인생에서 중요한 결정을 내려야 할 때는 부모에게 어떤 말을 듣더라도 자신의 뜻을 굽히고 싶지 않을 것입니다. 하지만 부모는 어떻게든 당신을 통제하고 싶어 하므로 책임을 강요합니다. 낳아준 것, 키워준 것, 돈을 쓴 것은 부모인 자신이 선택한 일이면서도 마치 자녀가 해달라고 부탁해서 들어준 것처럼 말하며 책임을 지라고 강요하고, 자신의 뜻에 따르지 않으면 거세게 몰아붙입니다.

이렇듯 부모는 가치관, 감정, 책임을 강요함으로써 세 영역에 침범합니다. 강요하는 방법이나 침범하는 방식은 부모가 가진 콤플렉스에 따라 다릅니다.

경계선을 넘어선 부모들이
자주 하는 말

그럼 이제부터 콤플렉스를 가진 부모가 평소에 어떤 말로 자녀에게 가치관, 감정, 책임을 강요하는지 대표적인 유형을 예로 들어 소개하겠습니다. 당신의 부모가 자주 하는 말은 다음 중 어디에 해당하는지 확인해보기 바랍니다.

가치관을 강요하는 말

유형 1. 우리가 다 겪어봐서 아는데 네 판단은 틀렸어

부모가 자신의 경험에 비추어볼 때 자녀의 선택이 잘못되었다고 단정 지으며 하는 말입니다. 부모의 의견을 따르지 않는 자녀를 보면서 '실패한 인생을 살게 되는 것 아닐까?' 하는 불안에 사로잡히고, 그러한 불안을 없애기 위하여 자녀를 과도하게 통제합니다.

유형 2. 다들 그렇게 사니까 너도 그냥 그렇게 살아

부모가 정답이라고 생각하는 것을 자녀에게 강요하여 자신이 마음을 놓고 싶을 때 하는 말입니다. 부모는 자신의 생각이 정답이고 그 외에는 모두 오답이자 실패라고 생각합니다. 또한 부모가 이해할 수 없는 방식을 자녀가 선택하려고 하면 그건 잘못된 판단이라며 부정하고 부모가 안심할 수 있는 범위에서 선택하도록 강요합니다.

유형 3. 너를 사랑해준 만큼 너는 그 사랑에 보답해야지

부모는 자신이 올바른 방식으로 자녀를 사랑하는, 좋은 부모라고 믿습니다.

자녀에 대해서라면 모르는 것이 없고 감정도 헤아릴 줄 알며 자녀가 언제 행복을 느끼는지도 잘 안다고 생각하죠.

그리고 자신의 행동이 자녀에게 도움이 된다고 믿으므로 자신이 바람직하다고 생각하는 삶의 방식을 당당하게 강요합니다.

유형 4. 자녀는 당연히 부모의 뒤를 이어야지

부모는 가업을 잇는 것, 부모 대신 토지나 산소를 관리하는 것을 당사자의 의사와 상관없이 자녀의 역할로 정해놓기도 합니다. 자녀의 인생은 자녀의 것이며, 어떻게 살아갈지는 자녀가 스스로 결정해야 한다고 생각하지 못하는 것입니다.

자신이 정한 역할을 자녀가 따르지 않으면 '조상님을 뵐 면목이 없다' '돌아가신 할아버지께서 울고 계신다' '너 때문에 우리 집안의 역사가 끊어지겠다'며 죄책감을 느낄 만한 말들을 쏟아내면서 비난합니다.

감정을 강요하는 말

유형 1. 부모에게 걱정을 끼치는 네가 잘못이다

자녀가 자신의 힘으로 살아갈 수 있다는 것을 믿지 못할 때 하는 말입니다. 이때 '걱정'이란 불안을 뜻합니다. 부모가 자녀를 보면서 불안해하는 것은 자녀가 실패하고 불행해질 것이라고 믿기 때문입니다.

강한 불안을 느끼기 때문에 자녀에게도 자신만의 가치관이 있고 부모와 다른 방식으로 살아갈 권리가 있다는 사실을 인정하지 못하는 것이지요. 불안을 만들어낸 것은 부모 자신이면서 자녀가 자신을 불안하게 만드는 것이라고 착각합니다.

유형 2. 네가 나를 배신해서 상처받았다

자녀에게 의존적인 부모가 자신이 피해자라고 느낄 때 하는 말입니다. 이런 부모는 자녀에게 과도하게 기대하고, 그 기대가 당연히 받아들여져서 현실로 이루어질 것이라고 믿습니다. 하지만 자녀가 본인의 뜻대로 자유롭게 살아가면 부모의 기대는 이루어지지 않으므로, 기대감은 자신이 피해자라는 생각으로 바뀌고 자녀에게 배신당해서 상처받았다고 느낍니다.

유형 3. 부모의 마음도 모르고 감히

자녀가 자신의 가치관에 따라 결정을 내리고 행동함으로써 인간적으로 성숙해지고 가치관이 풍부해진다는 사실을 믿지 못하는 부모가 하는 말입니다.

부모는 자신이 경험해보지 못해서 결과를 알 수 없는 일을 자녀가 하려고 하거나, 자신이 생각하기에는 마땅히 해야 하는 일을 자녀가 하지 않으려고 하면, 그것 때문에 자녀가 불행해질까 봐 불안해합니다. 그러한 불안을 해소하기 위해 자녀를 자신이 이상적이라고 여기는 모습으로 만들려고 합니다.

부모는 자신이 만들어낸 불안이 반드시 현실로 이루어질 것이라고 믿기 때문에, 자신이 불행으로부터 자녀를 구해주고 있다고 착각합니다.

유형 4. 너는 불효자다

지나치게 의존적인 부모가 하는 말입니다. 이런 말을 하는 부모는 '자녀는 부모를 소중하게 대해야 하고 존경해야 한다'는 생각을 무의식적으로 하고 있습니다. 이런 부모들 중 대부분이 어린 시절 자신의 부모에게 사랑을 충분히 받지 못해서 성인이 된 후에도 '중요한 존재로 인정받고 싶다'는 욕구가 강한 것으로 보입니다.

자녀가 부모의 뜻대로 움직이지 않으면 부모를 존중하지 않는 것이 얼마나 나쁜 행동인지 훈계하며 혼을 내고, 주위 사람들에게 불쌍한 자신의 모습을 보여주면서 관심을 끕니다.

유형 5. 이제 죽어야지

이런 말을 하는 부모 또한 자녀에게 지나치게 의존하고 있는 상태입니다. 자녀가 자신을 돌봐주지 않으면 자신을 죽게 내버려두는 것과 마찬가지라고 느낄 정도로 자신이 피해자라는 의식이 강하지요.

자신의 힘으로 살아갈 생각은 하지 않고 하나부터 열까지 자녀에게 의지해온 부모는 자녀가 자신에게서 멀어지려고 하면 더 이상 기댈 사람이 없다는 불안감에 감정이 격해져서 '이제 죽어야지' 같은 말을 하는 것입니다.

책임을 강요하는 말

유형 1. 너를 키우느라 돈이 많이 들었고 정말 힘들었다

낳아주고 키워주고 돈을 썼다는 이유로 자녀가 부채감을 느끼게 함으로써 통제하려고 할 때 하는 말입니다. 자녀 양육을 '자녀가 요구해서 자신이 들어준 것'이라 생각하고, 자녀를 키우면서 쓴 돈을 '자녀가 내달라고 해서 낸 돈'이라고 생각합니다. 그리고 그에 합당한 보답을 받기를 바랍니다.

자녀가 자신이 바라는 대로 하지 않으면 지금까지 들인 시간과 돈을 손해 보는 것이니 피해를 받았다고 생각하여 자녀를 비난합니다.

유형 2. 아이들 때문에 이혼하지 못했다

부모가 자신의 문제를 정면으로 마주하지 않고 책임을 회피하려고 할 때 하는 말입니다. 자신이 결정한 일이라도 결과가 안 좋으면 자녀 탓으로 돌리려고 하는 것이지요.

"아이들 때문에 이혼하지 못했다"는 말뿐만 아니라, "아이가 생기지 않았다면 이런 결혼은 하지 않았을 거야" 같은 말도 합니다.

현재 상황에 불만을 품고 있는 부모가 그러한 상황을 만든 것이 자기 자신이라는 사실을 인정하지 못해서 자녀 탓을 하며 책임을 회피하려고 하는 것입니다.

유형 3. 자녀는 당연히 부모를 돌봐야지

독립심이 매우 약한 부모가 자신의 일을 자녀가 대신하도록 만들기 위해 책임을 강요할 때 하는 말입니다.

자녀를 양육한 대가를 받지 못하면 수지가 맞지 않다고 생각합니다. 또한 자녀를 부모의 소유물로 여기며 '자녀의 돈이 내 돈'이라고 생각하는 경향이 있습니다. 여러 부모 유형 중 특히 정신적으로 미성숙한 유형이 주로 하는 말입니다. 이런 말을 하는 부모는 자신의 인생을 책임지거나 자신의 힘으로 살아갈 의지가 없습니다.

유형 4. 아픈 부모를 간호하고 노후를 책임지는 것은 자녀가 당연히 해야 하는 일이지

부모가 질병이나 노후에 대한 불안을 자녀를 통해 해소하려고 할 때 하는 말입니다. 이런 말을 하는 부모 중에는

'자유를 침해당할 것이라는 불안'이 강하여 아직 건강한데도 일을 하기 싫어서 나이가 들었다는 핑계를 대며 자녀에게 의지하려고 하는 사람들도 있습니다.

어느 쪽에 해당하든 부모는 자신의 힘으로 살아가고자 하는 의지가 없고 독립심이 부족한 상태입니다.

문제를 알면 고민할 일도 줄어든다

이 책을 읽으면서 공감 가는 부분이 많았다면, 아마도 당신의 부모는 콤플렉스를 가지고 있고 자신의 불안을 해소하기 위해 경계선을 넘어 당신의 영역을 침범하고 있을 확률이 높습니다. 하지만 지금까지 부모에 대한 두려움과 죄책감 때문에 통제를 당해온 당신이 부모에게 콤플렉스가 있다거나 자신이 상처를 받았다는 사실을 알아차리지 못하는 것은 어쩌면 당연한 일입니다.

누구나 자신의 부모는 마음이 건강하다고 믿고 싶은 법이고, 그렇게 믿지 않으면 현실이 너무 가혹하여 받아들이기 어려웠을지도 모릅니다. 그건 당연한 일입니다. 처음부터 부모의 문제를 알아차릴 수 있는 사람은 거의 없습니다.

하지만 그렇기 때문에 두려움과 죄책감은 더욱 견고해집니다. 부모에게 상처받았으면서 상처받지 않은 것처럼 굴고, 부모의 말이 모두 옳다고 믿으며 따르고, 부모에게 기대했다가 실망하더라도 자신을 키워준 부모니까 어쨌듯 감사하는 마음을 가지려고 했을 것입니다. 그래서 어른이 되어서도 무엇이 옳고 그른지 자신 있게 분별하지 못하고 어린 시절처럼 자신의 감정은 무시하고 부모의 뜻에 따라 살고 있을지도 모릅니다.

부모에게 자신의 영역을 침범당하지 않기 위해서는 무엇이 문제인지 분명히 알아야 합니다. 문제를 알면 고민할 일도 줄어듭니다. 자신이 잘못 생각하고 있는 것은 아닌지, 부모가 하는 말이 정말 옳은지, 머릿속으로 계속 고민할 필요가 없어지니까요.

점점 상황을 냉정하게 따져보게 될 것이고 부모의 말이나 태도 때문에 주눅들 일도 없어질 것입니다. 그렇게 되면 부모가 자신의 영역을 침범했을 때 곧바로 그 사실을 알아차릴 수 있고, 문제가 손을 쓸 수 없을 정도로 심각해지기 전에 대처할 수 있을 것입니다.

지금까지 살펴본 부모의 특징은 마음이 건강한 부모에게서는 찾아보기 어렵습니다. 만약 당신의 부모가 그런 모습을 보여준 적이 있거나 앞으로 보여줄 것 같다면, 부모와 자신 사이에 경계선을 분명하게 그을 필요가 있습니다.

부모의 말과 태도에 더 이상 휘둘리지 않는 것을 목표로 삼기 바랍니다. 부모에게 자신의 영역을 침범당했다는 사실을 깨달으면 부모의 말과 태도에 휘둘리지 않고 자신 있게 부모와의 관계를 바꿔나갈 수 있을 것입니다.

그렇다면 이러한 콤플렉스를 가진 부모는 자신이 안고 있는 문제를 인지하고 변화할 수 있을까요? 결론부터 말하자면, 콤플렉스를 가진 부모가 아무 노력도 하지 않았는데 자신의 문제를 깨닫고 바뀔 일은 없습니다.

부모는 과연 문제를 알고
변화할 수 있을까?

부모는 자녀와 함께 살며 자녀가 상처받았다는 사실을 수
차례 알아차렸을 것입니다. 그럼에도 바뀌지 않았다면 상
처받은 자녀를 보고서도 변화하지 않는 쪽을 택했다는 뜻
입니다. 또는 지금까지 자신이 잘못한 것은 아닌지 의문조
차 품은 적 없으며 자신은 늘 옳았다고 굳게 믿고 있을 수
도 있습니다.

두 가지 경우 모두 부모가 변화하지 않겠다고 결정하고
살아온 것입니다. 변화의 필요성을 느끼지 못하는 사람은
반성하지 않습니다. 반성할 줄 모르는 사람은 자신이 잘못

을 저질렀더라도 그것을 인정하려 하지 않습니다.

부모가 자신의 문제를 깨달아가는 6단계 과정

그렇다고 부모가 절대로 변하지 않는다는 뜻은 아닙니다. 저는 심리 상담을 통해 자신의 문제를 깨닫고 변화한 부모를 많이 만났습니다. 다만 문제를 알아차리기까지 시간이 꽤 걸리는 편이죠. 지금부터 부모가 자신의 문제를 깨달아가는 과정을 6단계로 나누어 살펴보겠습니다.

[1단계] 분노: 거리를 두는 자녀에게 화를 낸다

당신이 부모의 통제를 거부하기 시작하면 부모는 자녀가 변한 것이라 믿고 자신이 피해자라는 생각에 분노합니다. 감정이 격해져서 자녀를 비난하거나 협박하는 일도 늘어납니다.

[2단계] 실망감 표현: '배신당했다'며 서운해한다

당신이 계속해서 부모의 뜻에 따르지 않으면, 부모는 아무리 자녀를 비난하고 협박해도 달라지지 않는다는 것을 깨달으면서 분노는 서서히 사그라듭니다. 그 대신 상처받았다거나 배신당했다고 피해를 호소하면서 자녀가 죄책감을 느끼게 만듭니다.

[3단계] 중재자 투입: 주변 사람들을 끌어들인다

당신이 계속해서 부모의 뜻에 따르지 않으면, 부모는 더 이상 자신의 힘으로는 자녀를 통제할 수 없다고 생각하며 제삼자에게 자신의 감정을 호소합니다. 당신의 형제나 자매, 가까운 친척 등에게 당신 때문에 상처받았다고 말하고 다니면서 동정심을 얻으려고 하지요.

부모에게 문제가 있다는 사실을 알지 못하는 제삼자는 부모 대신 당신을 찾아와서 설득하거나 부모가 그랬듯이 죄책감을 느끼게 만들려고 합니다.

[4단계] 포기: 자녀를 원망한다

당신이 계속해서 부모의 뜻에 따르지 않으면, 부모만큼 끈질기지 않은 제삼자는 더 이상 관여하지 않게 됩니다. 다시 혼자가 된 부모는 어찌할 방법이 없으니 포기하게 되는

데, 한편으로는 푸념하는 듯한 혼잣말이 늘어납니다. 그리고 당신을 통제하지 못하게 된 부모는 당신을 원망하기 시작합니다. 자녀를 향한 집착이 강한 부모일수록 이 단계에서 벗어나기까지 많은 시간이 걸립니다.

[5단계] 괴로움: 멀어지는 자녀를 보며 강한 상실감을 느낀다

부모는 자신이 잃게 된 것이 얼마나 큰지 실감합니다. 지금까지 자녀에게 기대어 살아온 의존적인 부모와 자녀를 소유물로 취급하며 안도감을 느낀 권위적인 부모 모두 괴로워하면서 자신이 안고 있는 문제가 얼마나 큰지 깨닫기 시작합니다.

이 단계에서 반성하는 부모도 있기는 하지만 일부에 불과하고, 대부분은 변명을 늘어놓으며 자신의 문제를 직시하지 못합니다.

[6단계] 깨달음: 자신의 문제를 마주한다

부모는 어떻게든 자신이 느끼는 괴로움을 해소하려고 합니다. 자녀와의 관계를 개선하기 위해 심리 상담을 받기도 하고, 부모 자녀 관계에 대한 책을 닥치는 대로 읽기도 하지요. 시간을 들여 자신의 문제를 마주하고, 자녀의 입장에서 생각해봄으로써 반성하는 마음이 생깁니다.

잘못을 반성하는 부모는 얼마나 될까?

지금까지 소개한 6단계는 부모가 자신의 문제를 알아차리고 변화해가는 이상적인 과정입니다.

안타깝게도 모든 부모가 자신의 과오를 반성하는 것은 아닙니다. 지금까지 수많은 심리 상담을 진행해온 경험상 반성하는 부모는 전체의 10% 정도에 불과했습니다. 그 비율도 수년에 걸쳐 변화한 경우까지 모두 포함한 수치입니다. 1년 이내의 단기간에 걸쳐 변화한 경우만 따져보면 반성하는 부모의 비율은 1~2% 정도에 그칩니다. 대부분 5단계까지 가지도 못하고, 문제를 안고 있는 상태에서 변화하기를 포기합니다. 그리고 자신의 통제를 거부하는 자녀를 원망하며 살아갑니다.

부모의 문제를 직접 알려주는 건 역효과

　부모의 문제를 직접 알려주면 빨리 알아차릴 것이라거나 부모가 심리 상담을 받으면 본인의 잘못을 반성하게 될 것이라고 기대하는 사람도 있습니다. 하지만 그러한 방법은 거의 대부분 의도한 결과로 이어지지 않습니다.

　왜냐하면 자신이 옳다고 믿는 부모는 잘못을 지적당하면 부인부터 하고, 심리 상담을 권해도 자신은 상담을 받을 필요가 없다고 생각하므로 심리 상담가를 찾아가는 일이 거의 없기 때문입니다. 자녀에게 잘못을 지적받은 부모는 '내가 아이에게 상처를 줬을 리 없어' '나는 상담을 받아야 할 정도가 아니야'라고 생각하며 더더욱 반성하기를 거부합니다.

부모의 반성은
거짓일지도 모른다

자녀를 소중하게 여기며 고생할까 봐 걱정하고 지켜주고 싶어 하는 것은 자연스러운 부모의 마음입니다. 하지만 콤플렉스를 가진 부모는 다릅니다. 부모는 자녀를 통제하거나 의존할 수 없게 될까 봐 불안해하며 자녀에게 더욱 더 상처를 줍니다. 그럼에도 자녀가 계속 부모의 뜻에 따르지 않으면 감정이 격해져서 자녀를 비난합니다.

때로 반성하는 태도를 보이는 부모도 있습니다. 하지만 그러한 모습은 연기일 가능성이 매우 높습니다. 부모가 심리 상담을 받으며 자신의 문제를 이해하게 된 것도 아니고,

자신의 어떤 말과 행동이 자녀에게 상처가 되었는지 모르는데, 진심으로 반성하는 일은 거의 일어나지 않기 때문입니다.

하지만 자녀 입장에서는 지금까지 본 적 없는 모습이기에 '정말 내 마음을 알아주는 게 아닐까?' 하고 기대하면서 부모와 다시 가까워지는 경우도 있습니다. 안타깝지만 부모는 진심으로 반성한 것이 아니기 때문에 자녀를 통제할 수 있는 상태로 되돌리고 나면 금방 원래의 태도를 되찾고 말 것입니다.

이렇듯 자신이 안고 있는 문제가 무엇인지 모르는 부모와 관계를 계속 이어가면, 일방적으로 상처를 받는 관계에서 영원히 벗어날 수 없습니다.

진심은 행동으로 표현된다

부모가 보여주는 태도가 연기인지 진심인지 확인하기 위해서는 말보다 행동을 관찰하는 것이 도움이 됩니다.

사람의 진심은 행동으로 드러나는 것이므로, '반성하고

있다'고 수없이 말해도 행동이 바뀌지 않는다면 연기라고 볼 수 있습니다. 예를 들어 결혼을 강력하게 반대하던 부모가 당신이 집을 나갈까 봐 걱정되어서 "결혼은 허락하마. 대신에 2년 정도 뒤에 하는 게 어떠니?"라고 제안했다고 합시다. 그러면 마치 결혼을 허락받은 것 같아 기쁘겠지요. 하지만 여전히 '지금 결혼하겠다'는 당신의 결정을 존중하지 않은 것이므로 부모는 반성 없이 자녀를 배려하는 연기를 하고 있는 것이라고 볼 수 있습니다. 결국 부모의 생각은 변한 게 없다는 뜻입니다.

부모가 당신이 선택한 삶의 방식을 부정하거나 비난하지 않고, 자녀의 인생은 자녀의 것이라고 생각하며 행동하는지 확인하는 것이 중요합니다.

부모의 괴로움을 없앨 수 있는 것은 당신뿐

자신의 문제가 무엇인지 모르면서 반성하는 연기만 하는 부모와 계속 관계를 이어가면 부모의 문제는 더욱 악화됩니다. 왜냐하면 부모는 '아무리 상처를 줘도 반성하는 척만 하면 떠나지 않는다'라고 학습하여, 문제 행동과 반성하는 척을 반복하기 때문입니다. 그러다 보면 부모는 더더욱 자신의 문제를 정면으로 마주하지 못하게 될 것입니다.

자신의 문제가 무엇인지 알지 못하는 부모와 관계를 이어가는 것은 부모의 문제를 키우는 것과 마찬가지입니다. 이 말이 충격적일지도 모르지만 중요한 이야기입니다. 물론 당신의 부모 역시 의도적으로 연기를 하는 것은 아니겠지만 부모가 늘 그랬듯이 당신의 의견은 존중하지 않고 자신의 사정만 봐달라고 한다면, 당신의 괴로움은 끝나지 않을 것이고 앞으로도 고통받을 가능성이 높습니다.

사실 당신을 통제하여 지배하거나 의존하려는 부모도 괴롭기는 마찬가지입니다. 앞서 설명한 네 가지 콤플렉스 때문에 부모의 마음은 불안으로 가득 차 있습니다. 너무 불안해서 견딜 수 없는 부모는 그 고통을 해소하기 위해 자녀인 당신을 이용하려 합니다. 하지만 앞으로도 계속 자녀를 자기 뜻대로 통제할 수 있을지 확신할 수 없기 때문에 불안은 사그라지지 않고 고통은 계속됩니다.

만약 부모와 거리를 두려니 미안한 마음이 든다거나 부모를 배신하는 것 같아 거리를 두지 못할 것 같다고 생각한다면 관점을 조금만 바꿔보기 바랍니다.

　당신이 부모에게서 거리를 두는 것은 부모의 불안과 고통을 잠재우는 일이기도 합니다. 계속 자녀에게 집착하도록 내버려둔다면 부모의 괴로움은 끝나지 않을 테니까요. 부모를 괴로움에서 벗어나게 하려면 자녀라는 존재에 대한 집착을 포기하게 해야 합니다.

마음에 문제가 있는 부모와 관계를 이어가는 것은
부모의 문제를 악화시키는 일이기도 합니다.
자녀가 부모와 적절하게 거리를 두면
부모는 자녀에게 더 이상 집착하지 못합니다.
그렇게 되면 부모의 고통도 줄어들기 시작할 것입니다.

제3장

부모와 자녀 사이에도
경계선이 필요하다

———

부모와 자신 사이에 경계선을 긋는 데에
거부감을 느끼는 사람도 있을 것입니다.
하지만 부모와의 잘못된 관계에 얽매여 살아가기엔
당신의 인생이 너무 아깝지 않나요?
경계선을 그음으로써 얻을 수 있는 변화를
천천히 알아가봅시다.

부모를 밀어내지 못하면
나를 미워하게 된다

부모와 자신 사이에 경계선을 긋지 못하면 어떻게 될까요? 점점 더 인생에 대한 주도권을 빼앗긴 채 부모에게 통제당하며 자신을 부정하게 될 것입니다. 자기 부정의 유형은 크게 세 가지로 나뉩니다.

자기 부정의 대표적인 유형

유형 1. 나 때문에 부모와의 관계가 망가진 것 아닐까?

부모와의 관계 때문에 심리 상담을 받으려고 저를 찾아오는 내담자들 중에는 성인이 될 때까지 부모가 가진 문제를 알지 못한 채, 오히려 부모에게 부정당하는 자신에게 잘못이 있다고 생각하는 사람이 많습니다.

어린 시절부터 "네 잘못이야"라는 말을 들으며 자랐고, 스스로도 '부모에게 인정받지 못하는 내가 잘못된 것'이라고 믿으며, 자신을 희생하고 부모를 위해 살아온 사람도 적지 않습니다.

경계선을 긋지 못하면 무엇이 진짜 문제인지 모르고 정말 문제를 안고 있는 사람이 누구인지도 모르기 때문에 애꿎은 자기 자신만 부정하게 됩니다.

유형 2. 부모에게 감사할 줄 모르는 내가 이상한 것 아닐까?

부모와의 관계에 대하여 이해받고 싶은 마음에 누군가에게 털어놓았다가 부모 탓을 하는 것은 옳지 않다는 식의 반응에 좌절한 적 없었나요?

이런 반응을 여러 번 접하다 보면 '부모에게 감사할 줄 모르는 내가 이상한 것 아닐까?' 하며 자신에게서 잘못을 찾게 됩니다. 경계선을 긋지 못하면 주변 사람들의 생각에 휘둘리고 맙니다. 자신의 생각보다 타인의 생각이 더 옳다고 여기기도 하지요.

유형 3. 다른 가족들의 생각이 맞는 것 아닐까?

가족들에게 부정당하고 이해받지 못하여 고립되다 보니 '내 생각이 잘못된 것 아닐까?' 하고 자신을 의심하는 사람도 많습니다.

하지만 사실은 다른 가족들에게 문제가 있다는 것을 처음으로 알아차린 사람이 당신일 수도 있습니다. 문제가 있는 가족들이 합심하여 건강한 생각을 가진 한 사람을 부정하는 일은 흔히 일어납니다.

경계선을 그어서 자신의 인생을 되찾자

부모와 자신 사이에 경계선을 긋고 서로에게 의존하는 관계를 끊어야 몸과 마음 모두 독립적으로 살아갈 수 있습니다. 그리고 원래부터 당신이 주인이었던 인생을 자유롭게 살아가세요. 무엇을 하면서 살지, 어디에서 살지, 누구와 함께 살지 등 삶의 모습은 당신이 정하면 됩니다.

자신의 뜻대로 살아갈 권리는 당신이 태어날 때부터 주어진 것입니다. 하지만 당신의 자유로운 인생을 가장 가까이에서 응원해주었어야 할 부모에게 마음의 문제가 있었던 탓에 응원은커녕 당신의 몫이 아닌 책임까지 짊어지고 살았을지 모릅니다.

자신과 부모 사이에 경계선을 긋고 자립한다면 관심 있는 일에 도전해도 되고, 좋아하는 사람과 결혼해도 되고, 하고 싶은 일을 직업으로 삼아도 됩니다. 또한 부모의 요청을 거절해도 되고, 자신을 함부로 대하는 사람과 거리를 두어도 되고, 자신의 마음을 속이면서 억지로 하던 일을 그만두어도 됩니다. 더 이상 부모의 눈치를 살피지 않고 부모의 생각에 휘둘리지도 않으며, 모든 것을 스스로 선택하고 결정하는 인생을 살아가는 것입니다.

그렇다면 구체적으로 어떻게 해야 부모와 나 사이에 경계선을 그을 수 있을까요? 앞서 이야기했듯이, 콤플렉스를 가진 부모는 자녀의 가치관, 감정, 책임이라는 세 가지 영역을 침범합니다. 그러니 그 세 가지 영역에서 경계선을 그어봅시다. 그러면 부모의 문제와 자신의 문제를 구별할 수 있으므로 더 이상 부모에게 자신의 영역을 침범당하며 괴로워할 일이 없어질 것입니다.

이제부터 각 영역에서 경계선을 긋는 구체적인 방법을 소개하겠습니다.

가치관에
경계선을 긋는 법

　가치관에 경계선을 긋는다는 것은 당신의 가치관과 부모의 가치관은 원래 다르다는 것을 인정하고 그 차이를 안다는 뜻입니다.

　아무리 부모 자녀 관계라고 해도 남이기 때문에 가치관이 다른 게 당연합니다. 가치관이 다르면 삶의 방식도 다른 법이고요. 그러니 당신의 가치관과 부모의 가치관을 구분하여 생각합시다. 그것이 바로 '가치관에 경계선을 긋는 것'입니다.

부모의 가치관을 따르지 않아도 된다

인간은 자신의 가치관을 따를 때에만 행복할 수 있습니다. 가치관에 따라 행복을 느끼는 지점도 다릅니다. 그러니 자녀가 부모의 가치관을 따라 산다면 행복할 수 있을지 없을지 알 수 없는 인생을 이리저리 헤매며 살아가는 것과 같습니다.

자신과 가치관이 다른 부모에게 자신의 인생에 대한 선택권을 넘기면, 부모 입장에서는 자녀의 삶이 만족스럽겠지만 당신에게는 불행한 인생이 될지도 모릅니다. 나중에 후회해도 이미 지나간 시간은 되돌릴 수 없는 법이지요.

인생을 어떻게 살아갈 것인지를 자신의 가치관에 따라서 결정하면 일상에서 행복을 느낄 수 있는 일이 늘어납니다. 부모에게 통제당하지 않고 독립적인 인생을 살기 위해서는 자신의 가치관을 바탕으로 생각하고 결정하는 것이 중요합니다.

만약 부모가 당신의 생각이 틀렸다고 지적한다면 애초에 부모와 자녀 사이에 공통된 가치관은 존재할 수 없다고 생각합시다.

부모가 당신의 생각이나 행동을 부정하는 것은 당신이 부모 뜻대로 되지 않으니까 통제하고 싶기 때문입니다. 어떻게든 당신이 틀렸다는 것을 증명하여 부모가 걱정하지 않아도 되는 사람으로 만들고 싶기 때문에 부정하는 것입니다. 그러니 자신의 가치관을 우선으로 하여 살아가도록 합시다. 자신의 가치관에 따라 어떻게 살아갈 것인지 결정하고 행동으로 옮기기 바랍니다.

부모의 통제에 휘둘리지 않기 위해서는 자신이 선택한 대로 행동하면서 자신의 가치관에 대한 신뢰를 쌓아가는 것이 도움이 됩니다.

나의 가치관이 옳다고 증명할 필요 없다

논쟁하지 않아도 당신의 가치관은 이미 옳습니다. 가치관을 두고 부모와 싸울 필요는 없습니다. 싸워 봤자 불행해지기만 할 뿐이니까요.

인간에게는 투쟁 본능이 있으므로 상대방을 이기지 못하면 자신이 패배한 것 같아서 화가 납니다. 그러니 자신은 옳고 상대방이 틀렸다는 것을 증명하고 싶어지는 법이지요. 하지만 싸움에서 이기든 지든 당신의 소중한 시간과 에너지를 낭비했다는 사실에는 변함이 없습니다. 부모를 이겼다고 해서 행복해지는 것은 아니고, 졌다면 미움과 후회만 남기 때문에 결국 좋을 것은 하나도 없습니다.

이기는 것보다 중요한 것은 자신의 가치관이 옳다고 믿는 것입니다. 부모와 싸우면서 자신이 맞다는 것을 증명하지 않아도, 당신의 가치관은 당신에게 이미 옳습니다. 그러니 부모가 어떤 말을 하더라도 흔들리지 말고 자신의 가치관에 따라 행동하는 것이 중요하다는 사실을 명심하기 바랍니다.

자신의 가치관에 따라 행동했을 때 일이 잘 풀린다면 스스로를 칭찬해줍시다. 일이 잘 풀리지 않더라도 앞으로 무엇을 주의해야 하는지 경험을 통해 배웠다고 생각하면 됩니다. 부모에게 통제당하지 않기 위해서는 부모가 싸움을 걸어와도 대응하지 말고 당당하게 자신의 길을 가도록 합시다.

자신의 호불호에 따라 결정해도 된다

중요한 결정을 내려야 할 때일수록 자신의 호불호를 우선으로 합시다. 마음에 문제가 있는 부모에게 통제당하며 자란 사람들 중 대부분이 실패를 지나치게 두려워합니다. 왜냐하면 실패는 나쁜 것이고 성공하지 못하면 인정받지 못한다는 부모의 말을 있는 그대로 받아들이며 살아왔기 때문입니다.

자신의 호불호에 따라 결정을 내린다는 것은 큰 고민 없이 자신이 편한 쪽으로만 결정한다는 뜻이 아닙니다. 자신에게 맞는 일에 집중하고, 맞지 않는 일은 줄여나가는 것입니다. 부모의 가치관에 따라 살아가는 것이 아니라 자신이 좋아하고 자신에게 맞는 일에 집중한다면 스트레스는 줄고 오랫동안 그 일을 할 수 있습니다.

만약 당신의 인생에서 반드시 해야 하는데 하기 싫은 일이 있다면, 가급적 하고 싶은 마음이 들도록 방법을 바꾸어 보는 것이 도움이 됩니다. 부모의 통제에서 벗어나려면 자신의 호불호를 존중해야 합니다. 자신이 좋아하는 것과 싫어하는 것을 기준으로 살아보기 바랍니다.

감정에
경계선을 긋는 법

감정에 경계선을 긋는다는 것은 감정의 주인을 찾아주는 것입니다. 부모가 어떠한 감정을 느꼈다면 당신이 그 감정을 느끼게 만든 것이 아니라 부모 스스로 느낀 것이죠.

더 나아가 당신이 느낀 감정의 주인은 당신이므로 그 감정이 당신을 위한 정답을 알려준다는 뜻이기도 합니다. 지금부터 당신과 부모의 감정을 구분하여 생각하는 법을 알아봅시다.

부모의 감정 표현을 객관적으로 바라본다

　부모의 감정은 스스로 만들어낸 것입니다. 부모가 감정을 표현할 때 자녀는 곧이곧대로 받아들이지 말고 의문을 가져야 합니다. 부모가 "배신당해서 상처받았다" "버려져서 슬프다" 같은 말을 한다면, 자신이 정말 부모를 배신했는지, 또는 부모를 버렸는지 따져봐야 합니다. 그러지 않으면 부모가 느끼는 감정의 원인이 자신에게 있다고 생각해버리기 쉽습니다.

　예를 들어 콤플렉스가 있는 부모는 자녀에게 의존하고 싶어서 자녀에 대한 큰 기대를 품고 있는 경우가 많습니다. 그리고 자신의 기대가 충족되지 않으면 자신을 피해자라고 생각합니다. 부모가 느낀 배신감이나 상처는 결국 자녀에게 과도하게 집착하는 마음과 뒤틀린 기대에서 비롯된 것이지요.

　만약 당신이 부모에게서 그런 말을 들었다면 그게 사실인지 객관적으로 확인해야 합니다. 당신이 부모가 살아가는 방식을 부정하거나, 부모에게 자신의 가치관을 강요하는 등 누가 봐도 상처가 되는 말이나 행동을 했는지 돌아보는 것입니다. 당신이 그런 말이나 행동을 하지 않았다면 "자녀에게 배신당해서 상처받았다"라는 말은 사실이 아닙니다.

한편 당신이 자신의 뜻대로 사는 것은 부모에게 상처를 주는 일이 아닙니다. 부모의 요구를 거절하고 부모의 기대를 충족시키지 않으며 자신이 원하는 대로 살아가는 것은 당신이 태어날 때부터 가지는 권리입니다.

부모에게 통제당하지 않으려면 언제나 객관적인 관점을 유지하면서 부모의 말에 휩쓸리지 말아야 합니다.

부모를 불쌍하게 여기지 않는다

하소연하는 부모를 도와주면 계속 의존합니다. 부모를 불쌍한 존재라고 생각하지 않아도 됩니다. 어렸을 때부터 부모가 하소연하는 모습을 보면서 자라면 '부모는 불쌍한 사람'이라는 생각이 각인되어 '내가 도와주지 않으면 안 된다'는 의무감이 커집니다. 하지만 자녀에게 하소연하는 부모는 의존하려는 마음이 강하므로 자녀가 계속 도와줄수록 스스로 문제를 해결하려고 하지 않습니다.

마음이 괴롭고 힘들다면 자신을 힘들게 하는 문제가 무엇인지 고민해보고 문제의 원인을 찾은 후에 해결해나가야 합니다. 하지만 의존적인 부모 입장에서는 자신의 하소연을 들어주는 자녀가 눈앞에 있으니까 계속 힘들어하는 모습을 보여주면 자녀가 도와줄 것이라고 믿기 때문에 불쌍해 보이도록 연기하면서 의존합니다.

부모가 괴롭다거나 힘들다고 말해도 당신이 반드시 도와야 하는 것은 아닙니다. 당신을 부모가 비난한다고 해서 자신의 잘못이라고 생각할 필요도 없습니다. 부모의 문제는 부모가 정면으로 맞서야 근본적으로 해결할 수 있다고 생각하기 바랍니다.

부모를 미워해도 괜찮다

자신을 존중해주지 않는 사람은 좋아할 수 없는 게 당연합니다. 부모를 미워해도 괜찮습니다. 그리고 미워하는 사람에게서 멀어져도 괜찮습니다.

누구나 좋아하지 않는 사람과 친하게 지내고 싶어 하지 않고, 싫어하는 사람과 거리를 두고 싶어 합니다. 하지만 상대가 부모라면 그 관계 때문에 아무리 힘들어도 부모를 미워하면 안 된다고 생각하는 사람이 많습니다. 당신이 냉정한 사람이라서 부모를 미워하는 것이 아닙니다. 부모가 당신에게 가치관을 강요하며 상처를 주었거나, 당신을 부정하면서 의견을 존중하지 않았다면 부모를 좋아할 수 없는 게 당연합니다.

　부모라는 이유로 자녀에게 무조건 사랑받는 것은 아니며, 자녀라는 이유로 반드시 부모를 좋아하는 것도 아닙니다. 그러니 부모를 좋아하지 못하는 자신을 비난하지 않아도 됩니다.

　부모에게 통제당하지 않으려면 자신의 솔직한 감정에 따라야 합니다. 당신을 존중하지 않는 사람을 좋아할 수 없는 것도, 싫어하는 사람에게서 물리적으로나 정신적으로 거리를 두는 것도, 매우 자연스러운 일이라는 점을 명심하기 바랍니다.

　감정은 어떻게 사는 것이 자신에게 바람직한지 알려줍니다. 부모처럼 타인을 비판하기 위해 감정을 이용하는 것은 건강한 방법이 아니지만, 자신이 행복해질 수 있는 삶의 방식을 택하기 위해 감정을 이용한다면 그것만큼 편리한 판단 기준도 없을 것입니다.

책임에
경계선을 긋는 법

인간은 각자 태어날 때부터 책임이 있습니다. 그 책임을 완수해야 하는 사람은 인생을 살아가는 당사자인 본인뿐입니다. 책임에 경계선을 긋는다는 것은 당신의 책임과 부모의 책임을 구분하여 생각한다는 뜻입니다.

책임에 경계선을 그어야 부모의 일을 대신 떠맡거나 책임지지 않아도 되는 일들에 죄책감을 느끼는 상황을 피할 수 있습니다. 이제부터 부모와 자녀의 책임을 구분하는 법을 배워봅시다.

부모에게 효도하거나 은혜를 갚지 않아도 된다

자녀를 양육하는 것은 부모의 책임입니다. 양육이란 자녀가 성장하는 데에 필요한 환경을 제공하는 것입니다. 의식주뿐만 아니라, 교육이나 마음의 성장에 관한 것도 포함되지요.

마음이 건강한 부모는 자녀를 키우는 데에 돈과 시간 그리고 노력을 쏟는 것이 당연히 자신의 책임이라고 생각합니다. 보상을 바라고 투자하는 것이 아니죠. 그러므로 자녀에게 효도를 바라거나 은혜를 갚으라고 하지 않고 부모에게 감사하라고 강요하지도 않습니다.

아이는 알아서 자라지 않습니다. 부모는 자녀를 키우는 일이 힘들다는 것을 아이를 낳기 전부터 알고 있었을 것입니다. 그런데도 "키우느라 엄청나게 고생했다"거나 "키울 때 돈이 많이 들었다"라는 말을 자녀에게 하는 부모는 책임을 다할 각오도 없이 부모가 된 것이라고 볼 수 있습니다.

효도든 보답이든 모두 '선의'에서 비롯되어야 합니다. 남이 요구해서 하는 일이 아니라는 뜻이지요. 부모에게 통제당하지 않으려면 선의는 의무가 아니며 자신이 선의를 베

풀었을 때 행복하다고 느낄 수 있는 대상에게만 베풀면 된다는 사실을 명심해야 합니다.

부모가 결정한 일에 책임감을 느끼지 않아도 된다

부모의 인생에서 일어난 일은 부모의 책임입니다. 부모가 결정한 일이라면 그 결과가 어떻든 당신의 책임이 아닙니다. 왜냐하면 결정으로 발생하는 결과를 받아들일 책임은 결정을 내린 당사자에게 있기 때문입니다. 예를 들어 자녀를 키우는 데 들었던 생활비, 자녀의 학교나 학원에 지불한 교육비, 외식이나 여행에 쓴 비용을 부모가 내기로 결정했다면 부모의 책임입니다. 그러므로 "지금까지 너를 키우는 데 쓴 돈을 돌려달라"는 식의 말을 해도 돌려줄 필요가 없습니다.

"너 키우려고 얼마나 힘들게 돈을 벌었는데" "너 때문에 정말 고생했다" 같은 말을 들었다고 해서 책임감을 느끼지 않아도 됩니다. 당신을 낳기로 결정한 것도, 어떻게 자녀를 양육할지 결정한 것도 모두 부모이지, 당신이 무리하게 강요한 것이 아니기 때문입니다.

　부모에게 통제당하지 않으려면 책임 소재를 분명히 하여 자신의 책임이 아니라면 대신 짊어질 필요가 없다는 것을 알아야 합니다.

부모를 간호하거나 돌보지 않아도 된다

　부모에게는 자신의 힘으로 살아갈 책임이 있습니다. 마음이 건강한 부모는 자신의 인생에서 일어나는 일은 무엇이 되었든 자신의 책임으로 받아들이고 미래를 위한 준비를 해둡니다. 나이가 들면 언젠가는 병에 걸릴 것이고 누군가의 돌봄이 필요해질 것임을 알고 앞날을 내다보며 대비하려고 합니다.

　하지만 어떠한 콤플렉스를 가진 부모는 자녀가 부모를 돌보는 게 당연하다고 생각하며, 자녀가 부모를 돌보는 것을 거부하면 부모를 소중히 여기지 않는다며 자녀를 비난합니다.

　아무리 부모라고 해도 당신이 원하지 않는다면 반드시

돌보지 않아도 됩니다. 돌봄을 통해 자신도 행복을 느낄 수 있는 상대에게만 하면 되는 것임을 알아야 합니다.

부모가 목숨으로 협박해도 겁먹지 않아도 된다

자녀가 자신의 말을 따르지 않으면 "죽어버리겠다"라고 말하는 부모가 있습니다. 이 말에 책임감을 느끼지 않아도 됩니다. 왜냐하면 자녀에게 과도하게 집착하는 부모가 어떻게든 자녀를 통제하기 위해 하는 협박성 발언이기 때문입니다.

"죽어버리겠다"라는 말을 들으면 당신은 자기 때문에 부모가 죽을까 봐 걱정이 되어서 다시 전처럼 부모의 뜻에 따르고 자신이 원하는 것을 포기할지도 모릅니다. 하지만 그런 협박의 저변에는 '기대'라는 심리가 깔려 있습니다. 부모는 자신이 죽겠다고 말하면 자녀의 마음이 약해져서 다시 자신의 뜻에 따를 것이라고 기대합니다.

절대로 죽지 않는다고 단언할 수는 없지만, 심리적인 면만 고려하면 타인에게 무언가를 기대하는 사람이 죽음이라는 선택지를 고르는 것은 이치에 어긋납니다. 그러니 죽어버리겠다고 하면서 정말 죽는 부모는 거의 없습니다. 적어도 제가 본 바로는 그렇습니다.

부모에게 통제당하지 않으려면 "죽어버리겠다"는 말은 자신의 힘으로 살아갈 책임을 회피하려고 하는 말이라는 것을 알아야 합니다.

과거의 나에게
경계선을 긋는 법

　마음에 상처가 생길 정도로 충격적인 경험을 '트라우마'라고 합니다. 또한 과거의 트라우마가 갑자기 떠올라 마치 지금 눈앞에서 일어나고 있는 것처럼 생생하게 느껴져서 그때의 괴로움을 다시 경험하는 것을 '플래시백'이라고 합니다.

　당신을 위협하던 부모의 호통 소리와 무서운 표정, 분위기 등이 생생하게 떠올라 괴로웠던 경험이 있나요? 플래시백이 일어날 때 그것을 경험하는 주체는 '현재의 자신'이지만, 마음은 '상처받던 과거의 자신'으로 돌아간 것 같아서 눈앞에 부모가 없더라도 방금 부모에게 상처받은 것처럼 느낍니다.

'과거의 나'와 '현재의 나' 사이에 경계선을 긋는다

트라우마와 플래시백에서 벗어나려면 과거와 현재 사이에 경계선을 그어야 합니다. 가장 먼저 부모에게 상처받은 것은 과거의 자신이지 현재의 자신은 아니라는 사실을 인식합니다.

다음으로 불현듯 떠오른 기억이 현재의 자신에게 실제로 위협을 가하지 않는다는 사실을 인지해야 합니다. '머릿속에 떠올랐다고 해서 실제로 그 일이 일어나는 것은 아니다' '무서워할 것 없다'라고 냉정하게 생각할 수 있다면 두려움에 잡아먹힐 가능성은 줄어들고 회복도 빨라집니다.

플래시백을 통해서 본 장면을 이해하고 동요된 마음을 정리하는 것도 중요합니다. 머릿속에 떠오른 장면에 등장한 부모가 어떤 콤플렉스를 가지고 있는지 알고, 어떤 목적으로 당신에게 상처를 주었는지 알게 되면 동요된 마음을 정리할 수 있습니다. 그런 식으로 이해하고 정리할 수 있는 일이 늘어날수록 플래시백에 대한 내성이 강해질 것입니다.

부모에게 속박된 과거의 나와
현재의 나 사이에 경계선을 긋는다

   자녀라면 당연히 부모를 소중히 대해야 하며, 부모에 대해서 나쁘게 말하면 안 된다고 생각하는 사람들이 있습니다. 그들은 왜 그렇게 생각할까요?

   부모에게 충분히 사랑받으며 자랐다면 그럴 수 있습니다. 그러나 그런 환경이 아니었음에도 부모에게 무조건적으로 효도해야 한다고 말하는 사람이 있다면 부모에게 속박되어 있는 상태라고 볼 수 있습니다. 그들은 한 번도 부모와 자신의 관계에 얽힌 문제를 객관적으로 바라본 적이 없을 것입니다.

   또한 죄책감 때문에 부모를 나쁘게 생각하고 싶지 않고, 고생해서 자신을 키워준 감사한 분들이라고 스스로를 타이르며 살았을 것입니다. 부모와 거리 두기를 하려는 사람들을 보면 "정말 이기적이고 못된 사람이네? 그런 불효 자식이 어디 있어!"라며 분노에 차 비난하면서 말이지요.

오히려 마음이 건강하고 독립적인 부모에게서 자란 사람들은 부모와 자신 사이에 경계선이 분명히 그어져 있기 때문에 굳이 부모를 소중히 대해야 한다고 생각하지 않으며 부모와 거리를 두는 사람을 봐도 딱히 비난하려 하지 않습니다. 누군가 부모를 반드시 소중하게 대해야 한다고 강력히 주장한다면, 그 사람에게도 문제가 있을 가능성이 높습니다.

당신이 이 책을 통해 부모가 가질 수 있는 문제에 대해 알게 되었다면, 부모의 문제를 모르는 사람에 비해서 관련된 지식을 더 많이 갖고 있을 것입니다. 앞으로 자신의 감정을 믿으면서 앞으로 나아가기 위해서는 부모 자녀 관계에 대한 지식이 없는 사람과 자신 사이에도 경계선을 긋는 것이 중요합니다.

자녀에게 상처를 주는 부모가 될까 봐 두렵다

아이를 낳으면 부모처럼 자녀에게 상처를 줄까 봐 걱정하는 사람이 많습니다. 이미 자녀가 있는 경우 그렇게나 싫어했던 부모의 말투를 자녀에게 그대로 하고 있다는 사실을 알아채고 좌절한 사람도 있을 것입니다.

부모에게서 받은 마음의 상처를 자신의 자녀에게 똑같이 주는 것을 '세대 간 연쇄'라고 합니다. 이러한 세대 간 연쇄를 막기 위해서라도 부모의 부적절한 언동과 자신 사이에 경계선을 긋는 것이 중요합니다.

세대 간 연쇄를 일으키는 사람은 부모가 가진 마음의 문제가 무엇인지 몰라서 부모가 자신에게 어떻게 상처를 주었는지 인식하지 못하는 경우가 많습니다. 그리고 대부분 경계선도 그어져 있지 않습니다. 그렇기 때문에 어린 시절부터 봐온 부모의 말이나 행동을 재현하는 것입니다.

과거의 나와 현재의 나 사이에 경계선을 긋고 부모에게 배운 대인관계 방식 중에 부적절한 것이 있는지 확인해야 합니다. 예를 들어 어린 시절 자신이 부모에게 상처받았던 상황을 드라마를 보듯이 제삼자의 관점에서 객관적으로 관찰해보는 것입니다. 그리고 현재의 자신이 소중한 사람과 올바르게 관계를 맺고 있는지, 아니면 부모처럼 상대방에게 상처를 주고 있는지 파악해보세요. 그런 식으로 자신의 마음에도 경계선을 그으면 세대 간 연쇄는 쉽게 일어나지 않을 것입니다.

경계선을 그어야
모두가 살 수 있다

경계선의 중요성에 대해 이제 충분히 이해했을 것이라 생각합니다. 그렇다면 이제 경계선을 그을 때 지켜야 하는 행동 원칙에 대해 알아보겠습니다.

경계선을 그을 때 지켜야 할 행동 원칙

행동 원칙 1. 거리를 둔다

거리를 둔다는 것은 심리적으로든 물리적으로든 부모에

게서 멀어지는 것을 뜻합니다. 억지로 부모 곁에 머물 필요는 없으며, 힘들다면 독립하는 것도 좋은 방법입니다.

적절한 거리를 두면 부모는 당신을 통제할 수 없게 됩니다. 그리고 부모도 자신의 힘으로 살기 시작하면서 독립적으로 바뀌어갑니다.

마음속에 경계선을 긋고 '부모와 내가 각자 자신의 힘으로 살아간다면 둘 다 성장하고 자립할 수 있을 것'이라고 생각하며 행동한다면, 당신과 부모의 인생이 모두 행복해질 것입니다.

행동 원칙 2. 진심을 표현하고 부모가 강요하는 것은 거절한다

진심을 표현하며 부모의 강요를 거절하면 부모는 당신의 감정을 알게 됩니다. 부모도 자신이 무슨 말을 했을 때 자녀가 거절하고 어떤 행동을 했을 때 거리를 두는지 생각할 수 있게 됩니다. 즉 지금까지 당신에게 계속 상처를 주었다는 사실을 알아차리지 못했던 부모가 당신의 입장이 되어서 생각해볼 수 있는 기회를 얻었다는 뜻입니다.

마음속에 경계선을 긋고 '내 생각과 부모의 생각은 다르니까 진심은 표현해야 전달된다'고 생각하며 행동한다면,

지금까지 지나치게 가까웠던 부모와의 거리가 적절하게 조정될 것입니다.

행동 원칙 3. 자신을 위하여 산다

자신을 위하여 산다는 것은 어떤 인생을 살 것인지 스스로 결정한다는 뜻입니다. 부모가 당신의 선택을 부정해도 당신이 선택한 대로 밀고 나가고, 부모가 자신의 생각을 강요해도 당신의 진심을 표현하면서 거절하세요. 자녀에게 의존하거나 자녀를 지배하려는 시도가 실패할수록 부모는 자신의 인생을 정면으로 마주하게 되며 어떻게 살아갈지 스스로 결정하려고 노력할 것입니다. 마음속에 경계선을 긋고 '내 인생은 나의 것, 부모의 인생은 부모의 것'이라는 생각으로 행동하세요.

부모와 자녀 모두 자립해야 행복할 수 있다

부모는 당신이 경계선을 그으면 처음에는 괴로워할 것입니다. 하지만 그렇다고 부모를 도우려고 한다면 부모와 당신 모두 점점 불행해집니다.

당신이 독립적인 인생을 사는 것이 중요한 만큼, 부모가 자립할 기회를 빼앗지 않는 것도 중요합니다. 부모와 거리를 두는 것이 부모를 배신하는 일 같아서 미안한 마음에 실행하지 못하고 있다면, 그것은 부모가 자립하는 것을 방해하는 것과 마찬가지입니다.

사실 당신에게 집착하는 부모도 마음이 괴로울 것입니다. 머릿속은 당신을 통제할 수 있는지 없는지 따져보느라 바쁘고, 마음속은 당신을 통제하지 못하게 될까 봐 불안으로 가득 차 있기 때문입니다. 언제나 부모 곁에 머물며 부모가 당신을 통제할 수 있을 것이라고 기대하게 만든다면, 부모는 자신의 인생을 정면으로 마주하지 못하여 행복하게 살 수 없습니다.

부모 역시 자신의 힘으로 살아야 행복해질 수 있습니다. 자신이 직접 선택하고 결정함으로써 성취감과 자신감을 얻을 수 있습니다. 부모가 행복한 인생을 살아가기 위해 거쳐야 할 여정을 방해해서는 안 됩니다.

자녀가 경계선을 그으면, 부모는 '자신의 일은 자신이 한다'는 당연한 일을 실제로 경험하게 되고, 할 수 있는 일이 조금씩 늘어나며, 자신의 인생을 자신의 힘으로 살아가기 시작합니다.

부모와 당신이 모두 자신의 인생을 살게 되면 그때부터 건강한 부모 자녀 관계가 새롭게 시작됩니다. 어렵지 않습니다. 경계선을 긋는다는 것은 잘못된 부모 자녀 관계를 청산하고 평범하며 자연스러운 부모 자녀 관계로 돌아가는 것입니다.

부모로부터 독립했을 때 느끼는 감정

부모와 자신 사이에 경계선을 긋고 독립적인 인생을 살 수 있게 되면 어떤 감정을 느끼게 될까요? 실제로 콤플렉스를 가진 부모와 자신 사이에 경계선을 긋고 거리를 두었던 사람들은 그 질문에 "매일 편안한 마음으로 살고 있다"라고 답했습니다.

지금까지 건강하지 못한 부모 자녀 관계만 경험해온 사람에게는 상상도 하기 어려운 미지의 영역일 것입니다. 부모의 속박에서 벗어나 자유롭게 살 수 있으니 매일이 기쁘고 즐겁고 행복할 것이라고 예상하는 사람도 있겠지요. 하지만 막상 인생을 독립적으로 살기 시작하면 두근거리고 설레기보다는 마음이 평온해집니다.

부모가 어떤 반응을 할지 몰라 두려워하거나 긴장할 일도 없으며, 부모가 어떤 반응을 할지라도 어차피 스스로 결정하고 책임지면 되기 때문에 불안하지도 않습니다. 상처받을까 봐 걱정하면서 스트레스 받을 일도 없으므로 마음은 평온해집니다. 독립적인 인생을 살면 마음이 동요하지 않고 안정되어서 하루하루를 기분 좋게 보낼 수 있습니다.

너무 머나먼 세상의 이야기 같나요? 당신에게도 길이 열려 있습니다. 부모와의 관계에 대한 고민은 이쯤에서 끝내고, 하루 빨리 평온한 일상을 보낼 수 있기를 바랍니다.

'경계선을 긋는다'는 것은 부모를 버리는 것이 아니라
자연스러운 부모 자녀 관계를 되찾는다는 뜻입니다.
가치관, 감정, 책임의 영역에서 경계선을 그으면
자녀는 부모에게서 독립할 수 있고,
부모는 자녀에게서 독립할 수 있습니다.

제4장

상처주는 부모로부터
현명한 거리 두기

———————
부모로부터 거리 두기를 해야겠다는 마음이
조금이나마 생기기 시작했나요?
지금부터는 콤플렉스를 가진 부모와 자신 사이에
경계선을 그을 때 어떤 과정을 거쳐야 하는지,
그리고 어떤 점에 유의해야 하는지 구체적으로 알아봅시다.

부모의 기대와 집착을
멈추게 하는 법

마음에 문제가 있는 부모와의 관계를 바꾸려면 자녀를 통제할 수 있을 거라는 부모의 기대를 무너뜨리는 것이 중요합니다.

직접 부모를 설득할 필요는 없습니다. 무슨 수를 써도 자녀를 통제하지 못하는 경험을 하게 해 '어차피 자녀는 통제할 수 없다'고 생각하게 만들면 됩니다. 그러려면 부모에게 통제당하지 않고 휘둘리지 않는 모습을 보여주어 자녀는 부모의 기대를 채워주는 존재가 아니라는 사실을 학습하게 해야 합니다.

한 번의 거절로는 포기하지 않는다

부모를 포기시키려면 솔직한 마음을 말로 표현하여 전달하고, 굳건한 태도로 부모의 기대를 거절해야 합니다. 중요한 것은 일관된 모습을 보여줘야 한다는 점입니다. 이론상으로는 네 번이 적절합니다. 한 번 정도의 거절은 부모도 예상할 수 있으므로 그 정도로 포기하지 않습니다. 왜냐하면 이전에도 그런 일이 없지 않았을 것이기 때문입니다.

자녀가 부모의 뜻에 따르지 않으면 부모는 경계선을 넘어가서 더욱 강하게 자신의 뜻을 강요하고 자녀를 부정하여 결국 자신의 뜻을 따르게 만들었을 것입니다. 오랫동안 그런 방법을 통해 자녀를 통제했으니 부모는 이번에도 같은 방식이 통할 것이라고 믿을 것입니다.

한 번의 거절은 이미 경험해봤으므로 그것을 통해 새롭게 배울 것은 없습니다. 자녀를 향한 기대는 여전히 100%입니다.

두 번의 거절로 불편함을 느끼게 한다

부모가 한 번 거절당한 후에도 다시 통제하려고 시도한다면 한 번 더 단호하게 거절해야 합니다. 하고 싶지 않은 일은 거부하고, 하고 싶은 일은 부모의 허락을 받지 않고 실행하면 됩니다.

그런 모습을 본 부모는 평소와 달리 자녀가 자기 뜻대로 통제되지 않으니 불편함을 느낍니다. 하지만 무언가가 조금 잘못된 것일 뿐이라고 생각하며 지금까지와 똑같은 방법으로 통제하려고 할 것입니다.

이렇듯 지금까지 써온 방법이 통하지 않는다는 것을 실제로 경험하면 부모는 불안해지기 시작합니다. 이 단계에서 자녀에 대한 기대는 60~80% 정도로 줄어듭니다.

세 번의 거절로 불안을 강화한다

부모는 또다시 자녀를 부정하면서 통제하려고 시도하겠지만, 흔들리지 말고 부모의 통제를 다시 한 번 거절합니다. 부모는 아무리 부정해도 자신의 뜻에 따르지 않고 본인이 원하는 대로 행동하는 자녀를 보면서, 이제 더 이상 통제하지 못하는 것 아닌지 걱정하기 시작합니다.

자녀를 통제하는 것을 포기할 수 없는 부모는 다른 방법은 없는지 궁리해보지만 찾지 못합니다. 어떻게든 자녀를 통제하고 싶어서 "계속 이러면 연을 끊겠다" "내 말을 따르지 않을 거면 지금까지 너를 키우느라 쓴 돈 다 토해내라" 등의 말을 합니다. 지금까지 써온 방법은 통하지 않는다고 깨달았기 때문에 자녀가 죄책감을 느낄 만한 말을 함으로써 마지막 승부수를 띄우는 것입니다. 이 단계에서 당신에 대한 기대는 40~60%로 줄어듭니다.

네 번의 거절로 포기하게 만든다

부모가 연을 끊자고 하더라도 걱정하지 말고 다시 한 번 부모의 통제를 거절해야 합니다. 그러면 어떻게 해도 자녀를 통제할 수 없다는 생각이 강하게 들어서 '어차피 말해본들 소용없고, 나만 힘들어질 뿐'이라는 생각에 자녀와의 관계를 줄이려고 할 것입니다. 부모와 따로 살고 있다면 본가에 두었던 자녀의 물건을 혼자 사는 집으로 보내기도 합니다. 부모와 함께 살고 있다면 집에 있어도 없는 사람처럼 무시하기도 합니다.

이렇듯 어떻게 해도 자신을 따르지 않는 자녀를 피하려고 하는 부모의 심리는 '포기'의 직전 단계인 '거부'입니다. 이 단계까지 오면 부모가 자녀에게 품는 기대는 처음의 절반 이하가 됩니다. 최후의 발버둥을 치며 자신의 말을 잘 듣던 자녀를 열심히 잊으려고 합니다. 그렇게 부모의 마음은 거부에서 포기로 변합니다. 이 단계에서 자녀에 대한 기대는 20~40%로 줄어듭니다.

이렇듯 부모에게 '거절'이라는 새로운 태도를 보임으로써 부모는 자녀를 통제할 수 없다는 사실을 학습하고, 그러면서 자녀에 대한 기대는 불안으로, 불안은 거부로, 거부는 포기로 바뀌게 됩니다.

네 번의 거절을 다양한 방면에서 보여주면서 부모가 포기하는 부분이 많아지도록 만드는 것이 중요합니다. 부모가 무언가를 기대할 때마다 일관된 태도를 보여주어 자녀를 통제할 수 없다는 사실을 학습하게 만드세요.

무시하는 것은 오히려 역효과

자녀를 통제하려고 시도하는 부모를 무시하다 보면 언젠가는 포기할 거라고 생각하는 사람도 있을 것입니다. 하지만 무시하는 것은 오히려 역효과를 불러일으킵니다. 부모가 포기하는 시기가 너무 늦어지기 때문입니다. 자녀에게 분명하게 거절당하지 않았기 때문에 기대는 계속 높은 상태로 지속됩니다. 게다가 자녀의 무시로 소통이 막힌 부모는 오히려 더 불안해져서 끈질기게 자녀를 쫓아다니게 될 것입니다.

무시하면 부모와 엮이지 않아도 되므로 당장은 편할지도 모릅니다. 하지만 포기하지 않는 부모를 두려워하면서 도망 다니느라 자유롭지 못한 생활을 하는 사람이 많습니다. 그러니 제대로 거절하도록 합시다.

싫은 건 싫다, 안 되는 건 안 된다고 솔직한 마음을 이야기하면서 단호하게 거절하면, 부모는 자신이 어떻게 했을 때 자녀에게 거절당하고 자녀가 거리를 두려고 하는지 알게 됩니다. 그리고 분명하게 거절당한 부모는 '어차피 자녀는 내가 원하는 대로 되지 않는다'는 생각이 강해지면서 포기하는 경우가 늘어납니다. 결국 단호하게 거절하는 것이야말로 자유를 얻을 수 있는 최단 코스입니다.

말과 행동으로
의사 표현을 한다

부모와 자신 사이에 경계선을 긋고 가치관, 감정, 책임을 구분하여 생각할 수 있게 되었다면 지금부터는 부모의 말과 행동에 어떻게 대응해야 할지 알아봅시다. 여기서는 좀 더 구체적인 방법을 다루겠습니다.

기억해야 할 점은 자신이 부모와 다른 생각을 가졌고, 부모가 무슨 말을 해도 자신의 생각은 바뀌지 않을 것이며, 그럼에도 나에게 상처를 주려고 한다면 부모와 더욱 거리를 두겠다는 것을 말과 행동으로 보여주는 것입니다.

의사 표현을 할 때의 세 가지 핵심

핵심은 세 가지입니다. 첫째, 부모의 말과 행동 때문에 상처받았다는 것을 알립니다. 둘째, 이 생각은 바뀌지 않을 것이라고 알립니다. 셋째, 지금부터 어떻게 행동할 예정인지 알리고 가능한 한 빨리 행동으로 옮깁니다. 이 세 가지 핵심을 한 세트로 하여 앞서 설명한 대로 일관되게 '네 번의 거절'을 하면 됩니다.

부모가 독립을 반대하는 경우

① 아버지와 어머니가 어떻게 생각하든지 그건 두 분 자유예요. 하지만 제가 심사숙고하여 내린 결정인데 반대하시기만 해서 상처를 받았어요.

② 이미 저는 결정했으니 계속 반대를 하셔도 제 생각은 바뀌지 않아요.

③ 언제까지나 두 분의 곁에서 살 수는 없어요. 집을 구하는 대로 독립하겠습니다. 계속 반대하시면 당장이라도 집을 나가겠어요(이후에 준비가 되는 대로 집을 구해서 나간다).

부모가 결혼을 반대하는 경우

① 이 사람과 함께라면 행복할 수 있을 것 같아서 진지하게 고민한 끝에 결정한 결혼 상대인데 인정해주지 않아서 마음이 아파요.

② 결혼 상대를 정식으로 소개했으니 제가 할 일은 했고, 어떻게 말씀하셔도 결혼하겠다는 결정을 번복하지는 않을 거예요.

③ 지금까지는 제 생각과 달라도 부모님의 의견을 따랐지만 돌이켜보면 그러지 말았어야 했어요. 이제는 제가 원하는 것을 참고 싶지 않고, 더 이상 부모님에게 인정받기 위해 살고 싶지 않아요. 더는 대화하고 싶지도 않아요(이후에 먼저 연락하지 않는다/연락이 와도 거절하는 답장을 보내고 연락을 끊는다).

대면하기 어렵다면 편지나 문자 메시지도 좋다

부모를 지나치게 두려워해 직접 대면하는 것조차 힘든 사람도 있을 것입니다. 그리고 부모의 반응을 즉각적으로 살피다 보면 준비했던 말들을 제대로 하지 못할 수 있습니다. 그런 사람도 시도할 수 있는 방법이 바로 편지와 문자 메시지입니다. 물리적으로 거리를 둔 후에 가능한 한 마음에 부담이 덜한 방식을 이용하여 부모를 포기시키는 방법입니다.

우선 편지와 문자 메시지를 어떻게 작성해야 하는지에 대해 알아봅시다. 먼저 편지에는 어렸을 때부터 성인이 될 때까지 부모에게 상처를 받았던 일화를 시기별로 구분하여 언제, 어디서, 어떤 일 때문에 어떤 감정을 느꼈는지를 자신의 관점에서 구체적으로 적습니다. 그리고 지금까지는 두려움 또는 죄책감 때문에 부모의 뜻을 따랐지만 앞으로는 그렇게 살고 싶지 않다고 솔직하게 이야기하세요. 더 나아가 어른이 된 지금까지 그 상처가 이어지고 있으며, 부모 곁에 있으면 마음이 편하지 않고 더는 부모를 신뢰하지 않으며 인내심은 한계를 넘어섰다는 것도 전달합시다.

부모에게 어떤 반응이 오더라도 걱정할 필요 없습니다. 항의 전화나 답장이 올지도 모릅니다. 그러나 그것은 여전히 자신의 문제를 직시하지 못하고 가치관, 감정, 책임을 강요함으로써 자녀를 통제하려고 하는 부모의 문제입니다. 자녀는 그저 전달한 진심에 맞는 태도를 일관되게 보여주기만 하면 됩니다. 편지에 담아야 할 내용을 정리하면 다음과 같습니다.

편지에 포함되어야 하는 내용

① 부모와의 관계에서 인내심에 한계를 느껴서 편지를 써야겠다고 마음먹게 된 일화를 풀어씁니다.

② 어릴 때부터 성인이 될 때까지 부모에게 상처받았던 일화를 시기별로 구분하여 구체적으로 표현합니다.

③ 지금과 같은 부모 자녀 관계를 더 이상 받아들일 수 없다고 밝힙니다.

④ 앞으로 어떻게 살아갈 것인지 알립니다.

⑤ 부모가 하지 않았으면 하는 행동, 고쳐주기 바라는 점을 정리합니다.

⑥ 부모가 변화하려고 노력하지 않을 경우 앞으로 이 관계를 어떻게 개선할 것인지 설명합니다.

편지를 적을 때 주의할 사항

① 아버지와 어머니 앞으로 나눠서 적습니다. 한 사람을

대상으로 편지를 쓰는 것이 읽는 사람이 당신의 고통을 이해하게 만드는 데 도움이 됩니다.

② 공격적인 표현이나 단언하는 표현은 피합니다. 편지의 목적은 상대방을 공격하려는 게 아니라 당신이 지금까지 얼마나 힘들었는지 알려주는 것입니다. 공격적인 표현으로 상대방을 지나치게 몰아세우고 비난하는 내용의 편지는 읽는 사람으로 하여금 반발하게 만들기 때문에 주의합니다.

③ 문장의 주어를 자신으로 두고 수동태로 적습니다. 편지에 쓰는 문장은 "나는 엄마에게 ○○라고 들었을 때 슬펐어요"처럼 당신을 주어로 둔 수동태로 적는 게 좋습니다. 부모를 주어로 한 문장은 부모에 대해 단정 짓는 것처럼 받아들일 수도 있으므로 주의합니다.

편지는 앞서 소개한 '편지에 포함되어야 하는 내용'의 ① ~⑥을 번호순으로 나열한 것이라고 봐도 무방합니다. 이렇게 당신이 부모와 거리를 두려는 이유가 무엇인지 알 수 있도록 편지를 적으면 됩니다. 그럼 이 편지가 '네 번의 거절' 중 첫 번째 거절이 될 것입니다.

만약 부모가 편지에 적힌 내용을 부정한다면 이메일이나 채팅 등을 이용해 두 번째, 세 번째 거절을 하면 됩니다. 이메일이나 채팅을 이용한 거절 방식은 다음 장에서 자세히 다루겠습니다.

부모의 말에
올바르게 대응하는 법

여기서는 앞에서 소개한 콤플렉스를 가진 부모가 자녀에게 자주 하는 발언에 어떤 식으로 대응해야 부모와 자녀 사이의 경계선을 유지할 수 있는지에 대해 구체적인 사례를 살펴보며 알아봅시다.

사례 1. 하고 싶은 일을 이야기하자 반대하는 경우

부모 "네가 그런 일을 할 수 있을 것 같아? 고생만 하고 금방 포기할 게 뻔해. 너보다 오래 살고 경험도 풍부한 우리가 더 잘 알아."

나쁜 대응 "왜 안 된다는 거예요?" "저도 노력하고 있어요. 왜 알아주지 않는 거예요?" 또는, 부모님께 인정받을 수 있을 때까지 노력해야겠다고 생각한다.

좋은 대응 "저도 오래 고민을 했고 전 부모님의 생각과 달라요. 뭐라고 하셔도 제 생각은 바뀌지 않아요."

사례 2. 고향을 떠나 일하고 싶다고 하자 반대하는 경우

부모 "다들 고향에서 잘만 취직하고 부모님 모시고 잘 살더라. 주변에 다 그렇게 살아. 너도 어디 갈 생각하지 말고 여기서 취직해."

나쁜 대응 "이해가 안 돼요! 왜 그렇게 단정 짓는 거예요?" "다른 사람들이 그렇게 산다고 해서 저도 그렇게 살아야 하는 거예요?" 또는, 이해해주실 때까지 계속 설득해야겠다고 생각한다.

좋은 대응 "어디에서 취직할지는 제가 결정할 문제예요. 어머니, 아버지 눈에는 제 선택이 잘못된 것처럼 보일지 모르지만, 제 삶은 제가 정해요."

사례 3. 결혼 상대를 반대하는 경우

부모 "그런 관계가 오래갈 리 없어!" "그 사람한테 이용당하고 있는 거니까 정신 좀 차려."

나쁜 대응 "그렇게 나쁜 사람 아니에요!" "이용당하는 거아니에요." 또는, 자신의 마음을 몰라주는 부모에게 다시 상처받는다.

좋은 대응 "이제 저도 성인이니까 누구와 어떻게 살지는제가 정해요. 앞으로도 제 일은 제가 결정할게요."

사례 4. 사생활을 과도하게 간섭하며 끊임없이 전화하는 경우

부모 "왜 전화를 바로바로 안 받아? 누군 자꾸 전화하고싶어서 하니? 네가 걱정을 안 시키게 행동을 똑바로 하고다녀야 할 거 아니야!"

나쁜 대응 "죄송해요. 다음에는 바로 받을게요." 또는, 화가 누그러질 때까지 가만히 그냥 듣고 있다.

좋은 대응 "걱정하는 마음은 잘 알겠는데 제 일은 제가 결정할게요. 계속 그렇게 말하시면 앞으로는 전화도 받지 않고 메시지에 답장도 안 할 거예요."

사례 5. 부모가 반대하는 이와 사귀고 있는 것을 들킨 경우

부모 "내가 그런 사람 만나지 말랬지? 지금 넌 불효를 저지르고 있는 거야. 부모를 배신하고 있는 거라고!"

나쁜 대응 "그 사람 어머니가 생각하는 것처럼 나쁜 사람이 아니에요!" 또는, 그냥 차라리 헤어져버리는 게 낫겠다고 생각한다.

좋은 대응 "어머니는 제가 시키는 대로 하는 사람이라고 생각하는 것 같아서 서운해요. 제 인생은 제 것이니까 어떻게 살아갈지는 제가 정해요."

사례 5. 목숨으로 협박하는 경우

부모 "계속 그렇게 해봐. 부모 자식 연 끊고, 그냥 확 죽어버리면 돼."

나쁜 대응 "알았으니까 이제 그런 말씀 하지 마세요." 또는, 정말 연을 끊거나 안 좋은 일이 일어날까 봐 걱정한다.

좋은 대응 "어머니가 그렇게 결정하셨다고 해도 제가 할 수 있는 것은 없어요. 그렇게 말씀하셔도 저는 제가 결정한 대로 행동할 거예요."

사례 6. 죄책감을 심어주는 경우

부모 "네가 태어난 이후로 내 인생은 그냥 사라졌어. 돈은 또 얼마나 들었는지 알아?"

나쁜 대응 "저도 이것저것 해드렸잖아요!" "제가 낳아달라고 한 것도 아니잖아요." 또는, 부모님을 고생시킨 것에 대해 죄책감을 느낀다.

좋은 대응 "제가 태어난 게 꼭 잘못인 것처럼 느껴져서 상처받아요. 계속 그렇게 말씀하실 거면 당분간은 연락 끊을게요."

사례 7. 불행의 책임을 전가하는 경우

부모 "너 때문에 이혼하고 싶어도 이혼을 못 하고 이렇게 평생 불행하게 살았어."

나쁜 대응 "그게 제 잘못이에요?" "제가 없는 게 더 좋았겠네요. 태어나지 않았으면 좋았을 텐데……." 또는, 부모에게 미안함을 느끼며 가만히 듣는다.

좋은 대응 "결국 헤어지지 않겠다고 결정한 건 엄마잖아요. 자꾸 제 탓인 것처럼 말씀하시는데, 계속 그러시면 더는 만나고 싶지도 이야기하고 싶지도 않아요."

사례 8. 돌봄을 강요하는 경우

부모 "자식은 당연히 부모를 돌봐야 해. 부모를 돌보고 노후를 책임지는 건 자식이 해야 할 도리야."

나쁜 대응 "매일 보살피는 건 어렵겠지만 ○○ 정도는 할게요." 또는, 다들 그렇게 하니까 나도 해야겠다고 생각한다.

좋은 대응 "물론 부모를 돌보는 사람도 있지만, 그건 그 사람이 그렇게 하겠다고 결정한 것뿐이에요. 저도 제 생활이 있으니까 무리한 일은 할 수 없어요. 서운하실지 몰라도 스스로 생활할 수 있도록 노력해보세요."

포기하지 못한
부모를 대응하는 법

　지금부터 자녀의 감정을 전혀 고려하지 않는 부모가 하는 행동에 대해 살펴보겠습니다. 그런 부모에게 대처하려면 앞서 소개한 방법인 '솔직한 감정을 전달하고 단호하게 거절하기'뿐만 아니라, 몸과 마음이 모두 상처받지 않는 환경을 만들 필요도 있습니다.

　자녀가 본인의 의사를 표현하고 그 생각이 바뀌지 않을 것이라는 걸 알게 되면, 대부분의 부모는 자녀의 생각을 바꾸기를 포기합니다. 하지만 그것을 포기하지 못하는 부모는 어떻게 해서든지 자녀를 통제하려 하고 다양한 방법으로 관계를 이어가려고 합니다. 그런 경우를 예상하여 당신에게 소중한 사람들까지 부모의 통제 때문에 상처받지 않도록 미리 대처해두도록 합시다.

지금부터는 자녀를 통제하는 것을 포기하지 못하는 부모가 보이는 대표적인 행동 유형 세 가지와 각각에 대한 대처 방법을 소개하겠습니다.

끝까지 자녀를 통제하려는 부모의 행동 유형

다짜고짜 자녀의 집으로 쳐들어간다

솔직한 감정과 생각을 부모에게 전달했지만 그럼에도 자녀를 통제하는 것을 포기하지 못하는 부모가 당신을 만나려고 갑자기 집으로 들이닥치는 경우가 있습니다.

부모가 집에 쳐들어오는 경우는 대부분이 몹시 흥분한 상태일 것입니다. 문을 세차게 두드리며 큰 소리를 내어서 이웃에게 민폐가 되는 행동을 하는 부모도 있습니다.

그런 경우에는 집에서 나가 자리를 옮겨서 이야기하거나 부모를 집으로 들여서 진정시키는 것은 위험합니다. 그렇게 대응하면 부모는 '난동을 부리면 자녀를 만날 수 있다'고 학습하게 되므로 갈수록 소란을 피우는 정도가 심해질 수 있기 때문입니다.

부모가 집에 쳐들어왔다면 인터폰을 이용하거나 닫힌 문을 사이에 둔 상태에서 대화할 생각이 없다는 의사를 분명히 전달하세요. '집에 찾아가도 만날 수 없다'는 것을 학습하도록 만드는 것입니다. 만약 그렇게 해도 부모가 돌아가지 않거나 계속 찾아온다면 경찰서에 신고하여 대신 대처해달라고 부탁하면 됩니다.

경찰서에 신고할 때에는 "수상한 사람이 집 앞에 있어요. 너무 무서워요. 빨리 와주세요"라고 해보세요. 그럼 경찰은 위험한 사태가 벌어진 긴급한 사안이라고 판단할 가능성이 큽니다. 그리고 가능한 한 빨리, 가능한 한 많은 경찰관이 부모와 만나도록 하는 것이 중요합니다.

경찰관이라는 비일상적인 존재가 나타나서 대신 대처하게 함으로써 부모에게 '억지로 만나려고 했다가는 신고당할지도 모른다'는 두려움을 심어줄 수 있으므로, 부모를 포기시키는 것이 수월해집니다.

경찰서에 신고하고 싶지 않다거나 부모를 범죄자로 만

들고 싶지 않다고 생각하는 사람도 있을 것입니다. 하지만 신고를 하지 않으면 부모의 행동은 점점 강도가 심해져서 실제 범죄로 이어질 수도 있습니다.

부모는 당신이 집 안에 있다는 것을 알고, 당신과 만나기만 한다면 지금까지 해온 것처럼 자기 마음대로 통제할 수 있을 것이라고 믿기 때문에, 주거 침입, 소음 발생, 스토커 행위 같은 잘못된 행동이 심해질 가능성이 높습니다.

자녀의 직장에 연락한다

다짜고짜 집으로 쳐들어갔지만 당신을 만나지 못한 부모는 회사에 연락할 가능성이 있습니다. 당신의 상사에게 연락해서 자녀 때문에 너무 걱정이 되어서 어쩔 수 없이 연락했다고 하거나, 자녀에게 상처받은 불쌍한 부모인 척 연기하면서 동정심을 얻으려고 할 것입니다. 그렇게 함으로써 당신과 만나려고 합니다.

당신의 부모가 그런 행동까지 할 것 같다면, 우선 상사에게 지금까지 부모와의 관계가 어땠는지 설명하고 앞으로 부모가 회사에 민폐를 끼치는 행동을 할 가능성이 크다고 이야기하며 양해를 구합니다.

그리고 회사는 부모의 요구를 전혀 들어주지 않을 것이며 업무와 관련이 없는 일에는 관여하지 않겠다는 입장을 보여달라고 합니다. 그렇게 함으로써 부모에게 회사에 연락해봤자 얻을 수 있는 게 없다는 것을 학습하도록 만드는 것입니다.

교제 상대 또는 그의 부모에게 연락해 비난한다

만약 부모가 당신의 교제 상대나 결혼을 반대해서 거리를 두게 된 것이라면 그 사람들까지 상처받을 가능성이 있다는 사실을 알고 있어야 합니다.

마음에 문제가 있는 부모는 자녀가 자신처럼 좋은 부모에게서 멀어지려고 할 리가 없다고 믿으므로, 자녀가 교제 상대에게 세뇌되어 이용당하고 있다고 생각하는 경우가 많습니다. 따라서 어떻게든 자녀를 구하기 위해 교제 상대나 그 사람의 부모를 공격합니다.

당신의 부모가 그런 행동을 할 법한 사람이라면 미리 교제 상대나 그 사람의 가족들에게 지금까지 부모와의 관계가 어땠는지 설명하고 양해를 구해두는 것이 좋습니다. 그리고 부모에게 연락이 온다면 단호하게 거절해달라고 부탁해두면 됩니다.

변호사가 대신 대응해주는 방법도 있다

솔직한 감정과 생각을 부모에게 전달했는데도 부모가 공격적인 태도를 멈추지 않는다면 변호사를 통해 의사를 전달하는 방법도 있습니다.

변호사가 당신의 대리인이 되었다는 사실과 함께, 부모가 변호사를 통하지 않고 당신에게 연락하려 한다면 과거에 행했던 폭력이나 주거 침입 등의 행위에 대해 엄격하게 대처하겠다는 의사를 전하는 것입니다.

당신이 매우 상처받은 상태이며, 이미 부모에 대한 불신밖에 남아 있지 않으므로 두 번 다시 연락하고 싶지 않다는 마음을 전달할 수도 있습니다.

당신이 자신의 솔직한 감정을 전달하고 부모의 통제를 단호하게 거절한 후에 자신의 행보에 힘을 싣기 위하여 변호사를 이용한다면, 부모를 포기시키는 일은 좀 더 쉬워질 것입니다. 부모에 대한 두려움이 너무 커서 자신의 힘으로 대처할 수 없다고 생각하여 경찰이나 변호사에게 대신 대응해달라고 의뢰하는 경우가 있습니다. 물론 경찰이나 변호사는 든든한 지원군이 되어주겠지만, 도움을 요청하는 시기가 적절하지 않으면 문제 해결이 더욱 어려워지기도 하므로 주의해야 합니다.

부모 입장에서는 당신의 감정이나 생각이 어떤지 들은 적이 없는데 갑자기 제삼자가 개입한다면 영문도 모른 채 거리 두기를 당한 셈이므로 어떻게 된 일인지 알고 싶어서 자녀와의 관계를 포기하지 못하기 때문입니다.

기대를 포기한 부모와의
거리 두기

　부모의 기대와 집착을 포기시킨 다음에는 부모와 어느 정도로 거리를 유지하면서 지낼지 결정할 차례입니다. 어느 정도 거리가 적당한지는 부모가 당신이 선택한 삶의 방식을 존중하는지를 기준으로 판단하면 됩니다. 부모가 당신을 통제하는 것을 포기하고 더 이상 부정하지 않는다고 해서 문제가 해결된 것은 아닙니다. 부모가 '포기했다'고 말해도 그것은 참고 있다는 뜻이지 지난날을 반성하여 좋은 부모로 변한 것은 아니기 때문입니다. 자녀와 멀어지기 싫어서 '반성했다'고 말하는 부모도 있습니다.

따라서 아무런 근거 없이 부모의 말을 곧이곧대로 믿으면 또 다시 상처받고 말 것입니다. 말과 행동이 일치하지 않는 부모를 가까이하는 것은 위험한 일입니다. 결국 부모가 당신의 결정을 부정하지 않고 모두 존중하며 받아들이는지가 중요합니다. 만약 당신의 부모가 다음과 같은 말(혼잣말 포함)이나 행동을 한다면 아직까지는 거리를 좁히지 않는 편이 좋습니다.

당신을 존중하지 않는 부모가 보이는 태도

① 여전히 당신의 삶의 방식에 대해 불평을 늘어놓는다.

② 당신에게 상처를 준 일에 대해 변명한다.

③ 자신이 피해자인 것처럼 말한다.

④ 자신은 불쌍한 부모라고 주장한다.

⑤ 당신의 의견을 부정하지는 않지만 조건을 제시한다.

　('○○하면 인정해줄게' '○년 후에 하렴' 등)

⑥ 반성했다고 말은 하지만 행동은 그대로이다.

⑦ 당신을 무시한다.

관계 맺는 방식을 결정하는 기준

만약 부모의 태도가 많이 개선되고 당신을 향한 부정이나 강요도 없어졌다면, 부모와 관계 맺는 방식을 바꿔나갈 차례입니다. 지금까지 해온 방식으로 관계를 맺는다면 또 다시 부모가 기대를 하게 만들어서 지배나 의존을 하려고 시도할 수 있기 때문입니다. 관계 맺는 방식을 결정할 때의 판단 기준은 자신이 느끼는 행복감입니다.

'그렇게 하는 게 바람직한가'로 판단하는 것이 아니라 '그렇게 행동했을 때 나는 행복하다고 느낄 수 있는가'를 기준으로 생각해보도록 합시다.

예를 들어, 부모에게서 보고 싶다는 연락이 왔을 때 당신이 보고 싶지 않다면 만나지 않아도 됩니다. 만약 부모와 만났는데 왠지 불편하다면 그날은 빨리 헤어지는 게 좋습니다. 자신의 감정을 억누르면서 기분과 맞지 않게 행동하는 것은 좋지 않습니다. 참으면서 행동하는 당신의 모습을 본 부모가 다시 기대할 수 있기 때문입니다.

'어쩌다 한 번은 괜찮겠지' '이렇게까지 부탁하는데 이번한 번만 들어주자' 같은 생각은 불행한 길을 택하는 것과 마찬가지이므로 주의해야 합니다.

분노를 느낀다면 거리를 둔다

부모가 반성하는 모습을 보면 과거에 상처받았던 일에 대한 분노가 치밀어 부모를 비난하고 싶어지기도 할 것입니다. 그와 반대로 반성하는 모습을 전혀 보이지 않는 부모를 볼 때에도 분노가 끓어오르죠. '이제 와서 반성해도 늦었어!'라거나 '조금도 미안해하지 않는다니!'라며 화가 나는 것은 어쩔 수 없는 노릇입니다.

하지만 부모를 향해 분노를 터뜨려서는 진정한 자유를 얻을 수 없습니다. 진정한 자유란 부모의 집착에서 벗어난 상태이자, 당신도 부모에게 집착하지 않는 상태입니다. 그러니까 우선 자신이 행복을 느낄 수 있는 삶의 방식을 선택하세요.

부모에게 분노를 터뜨리는 것은 마음에 문제가 있는 사람에게 당신의 귀중한 시간과 에너지를 허비하는 것과 같습니다. 분노는 마음에 문제가 있는 사람에게서 멀어져야 한다는 신호입니다. 그러니 화가 난다면 부모와 좀 더 거리를 두어야 할 때입니다.

부모와 연을 끊을 것인지 결정하는 기준

부모에게 마음의 문제가 있다는 것과 자신이 지금까지 상처를 받아왔다는 사실을 알아차리면 부모와 완전히 거리를 두고 싶어집니다. 하지만 그와 동시에 혼자서 외롭게 살아갈지도 모른다는 두려움과 부모를 버리는 것 같은 죄책감 때문에 망설여지는 사람도 많을 것입니다.

부모와 연을 끊을 것인지 결정할 때 판단하는 기준은 부모에 대한 불신입니다. 부모 가까이에 있으면 마음이 불안해지고, 언제 무슨 소리를 들을지 몰라서 마음을 놓을 수 없으며, 또 상처받는 것은 아닌지 걱정이 된다면, 이미 부모에 대한 불신이 상당히 강한 상태일 것입니다. 당신이 속이 좁아서 그런 것이 아니라 안도감이나 신뢰감을 느낄 수 없을 정도로 상처받은 것이라고 볼 수 있지요.

누군가를 불신한다는 것은 그 관계가 무너지고 있다는

뜻입니다. 더 이상 손을 쓸 수 없는 수준에 이르렀는지도 모릅니다. 그러니 피로 맺은 인연보다 마음이 통하는 인연을 소중히 여기기 바랍니다. 마음이 통하지 않는 사람과 관계를 맺는 것은 불행한 인생을 선택하는 것과 마찬가지입니다.

괴로운 관계로
다시 돌아가지 않으려면

　부모에게서 심리적 거리와 물리적 거리를 둘 수 있게 되고, 부모의 공격적인 행동이 멈추었더라도 주의해야 할 점이 있습니다.

　부모는 오랜 시간 동안 마음의 문제를 키워왔기 때문에 금세 좋은 사람으로 바뀌는 경우는 극소수에 불과합니다. 부모가 자녀에게 상처를 주고 있었다는 사실을 받아들이기까지 시간이 걸릴 것이고, 자신에게 있는 마음의 문제가 무엇인지 알아차리고 개선하는 데에는 상당한 노력이 필요합니다.

그렇게 변화해가는 과정 중에 당신이 애매한 태도를 보이면 부모는 다시 자녀를 통제할 수 있을 것이라는 기대를 품고, 간신히 줄여놓은 자녀에 대한 집착이 다시 강해질지도 모릅니다.

당신도 부모가 자립하기를 바랄 것이고, 힘들게 손에 넣은 자유를 두 번 다시 잃고 싶지 않겠지요. 그러기 위해서도 일관된 태도를 보이는 것이 중요합니다. 지금까지의 사고방식을 근본적으로 바꾸어서 두 번 다시 괴로운 부모 자녀 관계로 되돌아가지 않도록 합시다.

완곡한 표현, 애매한 태도를 피한다

애매한 태도란 단호하게 거절하지 않고, 완곡한 표현을 사용하며, 기분 나쁜 말을 들어도 거리를 두지 않는 등 자신의 진심과는 다르게 행동하는 것입니다. 마음에 문제가 있는 부모는 감정을 직설적으로 표현하지 않으면 자녀에 대한 집착을 포기하지 않습니다.

기본적으로는 앞서 소개한 '네 번의 거절'을 통해 자녀를 통제할 수 없다는 사실을 부모가 스스로 학습하도록 만들어야 하는데, 완곡한 표현을 사용하거나 애매한 태도를 보이면 네 번의 거절로는 끝나지 않을 수 있습니다. 지금까지는 자녀의 마음을 헤아리기보다 자신에게 유리한 쪽으로 생각하고 행동한 부모였을 것입니다. 그런 부모에게 애매한 말과 태도로 자신의 뜻을 전해서는 부모가 자기 멋대로 생각하는 것을 고칠 수 없습니다.

그러니 누가 들어도 단번에 이해할 수 있는 표현을 이용해 직설적으로 부모의 통제를 거절해야 합니다. 그리고 부모가 기대감을 갖지 않도록 굳건한 태도를 보여주세요.

부정당하는 것을 두려워하지 않는다

부모에게서 거리를 둘 때 부모에게 부정당하는 것을 두려워하지 마세요. 부정당할 것을 걱정하다 보면 부모의 기분을 살피게 되고 말과 태도가 모호해집니다.

그런 모습을 보고 부모는 '좀 더 반대한다면 이 아이를 통제할 수 있을 거야'라며 기대합니다. 부모가 자녀를 부정하는 것은 자녀를 지배하고 싶고 자녀에게 의존하고 싶기 때문입니다. 관점을 바꿔 생각하면, 부모가 당신을 부정한다는 것은 지금 당신이 부모의 지배나 의존에 휘둘리지 않는 상태라는 뜻입니다.

부모에게 부정당했을 때는 부모에게서 벗어나 더욱 자유로운 삶으로 나아갈 수 있는 기회입니다. 부모에게 부정당하고 있다면 오히려 자유롭게 살고 있다는 뜻이므로 기뻐해도 좋습니다. 아무리 부정당해도 동요하지 않는 당신의 모습을 볼 때마다 부모는 당신을 통제할 수 없다는 사실을 학습할 것입니다.

부모가 자립할 기회라고 생각한다

반복해서 말하지만 책임을 져야 하는 사람은 그 책임을 가지고 있는 사람입니다. 부모의 인생에 대한 책임은 부모가 완수해야 합니다. 그렇게 함으로써 부모는 자립할 수 있고 행복해질 수 있습니다.

만약 부모가 힘든 상황에 처해 있다면 그것은 부모가 자립하고 성장할 기회라고 생각하세요. 부모에게 마음의 문제가 있다면 당사자인 부모가 먼저 어떻게 해결하면 좋을지 고민해야 합니다. 스스로 고민하고 결정하여 행동함으로써 성취감을 얻고 자신감을 가질 수 있습니다. 그런데 자녀가 나서서 도움을 준다면 부모가 성장할 기회를 빼앗는 것입니다. 부모는 결국 다시 당신에게 의존하려 할지도 모릅니다. 그렇게 되면 부모는 자신의 힘으로 노력하면서 살아갈 생각을 할 수 없어 자립과 성장 모두 불가능해질 것입니다.

부모도 어떻게 하면 자신의 문제를 해결할 수 있을지 고민하고, 부족한 부분은 장점으로 보완하려고 노력하기 때문에 자립과 성장을 이루어가는 것입니다. 그럴 때 중요한 것은 부모가 자신의 힘으로 살아가고 있다는 것을 더 많이 실감하는 것입니다. 부모도 자신의 힘으로 살아갈 수 있다는 것을 알게 되면 자신감이 생기고, 자녀를 지배하거나 자녀에게 의존할 필요가 없어집니다.

잘못된 방식의 도움을 주지 않는다

그럼에도 부모를 돕고 싶다면 도움을 주는 시기에 유의해야 합니다. 도움을 주기에 적절한 시기란 부모가 감사와 사죄의 뜻을 말로 표현할 수 있고, 자신의 삶에 더욱 책임감을 느끼며, 문제가 발생하더라도 남의 탓으로 돌리지 않게 되었을 때, 부모가 직접적으로 '도와달라'고 요청하는 경우입니다. 그렇게 할 수 있는 부모는 독립심이 어느 정도 있는 상태이기 때문에 자녀에게 도움을 받더라도 의존할 가능성이 낮습니다.

하지만 여전히 감사나 사과를 할 줄 모르고 당신이 대신해주는 것을 당연하게 생각하는 듯하다면 도움을 주기에는 아직 이릅니다. 그런 단계에 도움을 주면 부모는 '불쌍한 모습을 보이면 의존할 수 있겠다'고 또다시 학습하게 됩니다.

부모가 자신의 인생을 책임질 수 있을 때까지 지켜보는 것이 중요합니다. '도움을 주지 않는다'는 것은 부모를 내버려두거나 배신하는 것이 아니라, 부모가 자립하여 마음이 건강한 사람이 될 수 있도록 돕는 올바른 방법입니다.

이상적인 부모는
현실에 존재하지 않는다

지금까지 부모에게 사랑받지 못했으면서 여전히 사랑받기를 바란다면 당신은 '이상적인 부모'라는 환상을 좇고 있는 것일지도 모릅니다.

자녀는 부모에게 의견을 존중받을 때, 다른 생각을 강요당하지 않을 때, 자신의 존재를 부정당하지 않을 때, 노력 자체를 인정받을 때, 격려와 응원을 받을 때, 마음을 치유받을 때, 버팀목이라고 느껴질 때 사랑받는다고 느낍니다.

당신은 부모에게 사랑받는다는 느낌을 매일 느껴왔나요? 만약 그러한 경험을 해본 적이 없다면 현실의 부모가 사랑이 넘치는 '이상적인 부모'로 변화할 만한 가능성은 거의 없다고 볼 수 있습니다. 잔인하게 들리겠지만 과거에 일어나지 않은 일은 앞으로도 일어날 가능성이 희박하기 때문입니다.

하지만 자녀는 본능적으로 부모에게 애정을 갈구합니다. 왜냐하면 부모에게 사랑받지 못하면 보호받지도 살아남지도 못한다는 것을 본능적으로 알기 때문입니다.

경계선이 그어져 있지 않으면 이러한 생존 본능이 오히려 악영향을 미쳐서, 부모에게 몇 번이고 상처를 받아도 부모에게 사랑받는 사람이 되기 위해 자신을 희생을 하고, 버림받지 않기 위해 고통을 견디기만 합니다.

예를 들어 '부모는 나를 사랑하니까 쓴소리를 하는 것이다' '좀 더 노력해서 인정받는 존재가 되어야 한다'라고 믿으면서 사실은 부모에게 사랑받지 못했으면서 사랑받은 것처럼 스스로를 타이릅니다. 그리고 노력하면 언젠가는 자신의 마음을 알아줄 거라고 기대하며 계속 애를 씁니다.

이 경우에 중요한 것은 '이상적인 부모'를 동경하는 마음에 잡아먹히지 않는 것입니다.

현실의 부모에 대해 착각하고 있음을 알아차린다

부모에게서 거리를 두어야 한다는 것을 머리로는 이해하지만 마음으로 받아들이지 못하는 것은 현실의 부모에게서 '이상적인 부모'의 모습을 찾기 때문일지도 모릅니다.

만약 당신의 부모가 가족이 아닌 남이라고 해도 아는 사이로 지내고 싶나요? 이 질문을 통해 확인하고자 하는 것은 당신이 부모를 한 사람의 인간으로서 좋아하는가입니다. 아는 사이로 지내고 싶다는 생각이 들지 않는다면 이미 부모를 '사람'으로서 신뢰하지 못한다는 뜻입니다. 남이라면 친하게 지내지 않겠지만 부모니까 어떻게든 사이좋게 지내야 한다고 생각한다면, 그것은 당신이 강한 죄책감 때문에 무언가 착각하고 있다는 뜻입니다.

그 '사람' 자체를 좋아하지 않으면서 그 사람을 담고 있는 그릇이 '부모'라는 이유로 거리를 두는 것이 잘못된 일처럼 느껴지는 것입니다. 이렇게 모순적인 심리 상태도 마음속에 경계선이 그어져 있지 않을 때 자주 일어납니다. 중요한 것은 현실의 부모에 대해 착각하고 있다는 사실을 알아차리는 것입니다.

일단 부모 자녀 관계라는 틀에서 벗어나 동등한 인간 대 인간으로서 봤을 때 '눈앞의 이 사람을 좋아하는지' 스스로에게 물어봅시다.

현실의 부모를 직시한다

부모에게서 멀어지고 싶지만 멀어지지 못하는 것은 부모의 긍정적인 부분과 부정적인 부분을 한꺼번에 고려하기 때문입니다.

긍정적인 부분은 당신이 부모에게 사랑받고 있다고 착각하게 만드는 부분을 가리키는데, 대표적인 예로는 낳아준 것, 키워준 것, 돈을 쓴 것 등이 있습니다. 부정적인 부분의 예로는 상처를 준 부모의 말과 행동, 부모에게 받았어야 했는데 받지 못한 것 등이 있습니다.

부모에게서 멀어지는 게 좋다는 건 알고 있지만 지금 내가 존재하는 건 부모가 고생해서 키워주신 덕분이라고 생각하며 멀어지지 못하는 것은 마음속에서 긍정적인 부분과 마이너스 부분이 줄다리기를 하여 어느 쪽으로도 가지 못하는 상태에서 갈등하고 있기 때문입니다.

앞서 말했듯이 자녀가 태어난 것은 부모가 아이를 낳기로 결정했기 때문입니다. 돈을 들여서 키운 것도, 온 힘을 다해 보살핀 것도, 부모가 그렇게 하겠다고 결정한 것이지 자녀인 당신이 그렇게 해달라고 강요한 것이 아닙니다.

따라서 긍정적인 부분과 부정적인 부분을 한꺼번에 고려하지 말고, 부정적인 부분이 있는 한 부모와 적절한 거리를 두고 너무 가까워지지 않도록 해야 합니다.

부모와의 관계를 변화시키는 과정에서
가장 중요한 것은 자녀를 통제할 수 있을 것이라는
부모의 기대를 포기시키는 것입니다.
그러려면 부모의 통제를 단호하게 거절하고
굳건한 태도를 일관되게 보여야 합니다.

제5장

괴로움에서 벗어나
삶의 주도권을 되찾는 법

부모와 자신 사이에 경계선을 긋고,
부모에게서 자신의 인생을 되찾은 후에도
어떻게 살아야 할지 몰라 헤매는 분들이 있습니다.
어렵게 얻은 새로운 인생을 제대로 살아가기 위하여
주의해야 할 점과 명심해야 할 점을 소개하겠습니다

건강한 부모와 자녀는
위아래가 없다

부모와 어떻게 거리를 두고 경계선을 그어야 하는지 알게 되었다면, 지금부터는 부모와의 관계를 바꿔나가도록 합시다.

당신이 새롭게 정립해야 할 관계는 위계 없이 대등한 개인이 맺는 수평적인 관계입니다. 부모도 자녀도 더 우위에 있지 않고 자립할 수 있는 힘이 있는 개인으로서 맺는 관계 말입니다. 앞으로 부모와 관계를 계속해서 이어가기로 한 사람이든, 부모와 연을 끊기로 한 사람이든 모두 마찬가지입니다.

지금까지의 관계는 부모의 힘이 너무 강해서 균형이 잡히지 않은 상태였을 것입니다. 권위적인 부모를 당해낼 수 없을 것 같아 부모의 뜻에 따르며 살아왔을 수도 있겠죠.

관점을 바꿔 생각해보면 부모의 품 안에 남기로 결정한 것은 자기 자신일지도 모릅니다. 부모의 품을 벗어나기에 힘이 없다고 생각했기 때문이죠. 하지만 그 생각을 바꾸세요. 당신에게는 힘이 있습니다. 지금까지 당신이 이루어낸 것, 극복해낸 것들을 떠올려보세요.

타인을 무시하는 부모를 보고 자랐지만, 자신은 그런 사람이 되지 않겠다고 다짐하며 타인을 존중해왔다면 그것은 당신에게 힘이 있었기 때문입니다.

감정적인 부모에게 언제 혼날지 몰라서 늘 두려움에 떨어야 했지만, 그 덕분에 타인의 고통을 이해할 수 있는 사람이 된 것은 당신에게 힘이 있었기 때문입니다.

괜찮습니다. 자녀를 통제하려는 부모 곁에서 살아남은 당신에게는 분명 힘이 있을 테니까요. 그러니 지금부터는 자신의 힘을 믿고 부모와 대등한 위치까지 자신을 올려놓는 것이 중요합니다.

　부모와 의견이 다를 때에도 자신이 원하는 것은 무엇인지 밝히고 자신이 하고 싶은 대로 하면 됩니다. 마음속에서 자신을 몰아세우는 부모의 목소리가 들려오면 "그건 부모의 생각이고, 나는 그렇게 생각하지 않아"라고 반박하면 됩니다. 자신에게 힘이 있다고 믿는다면 부모에게 느끼는 두려움이 줄어들 것입니다.

괜찮습니다, 부모에게도 힘이 있으니까요

　지금껏 당신에게 한없이 의존하는 부모 곁에서 살아왔다면, 부모는 연약하고 불쌍한 존재라고 믿으며 하지 않아도 될 일까지 무리해서 한 적이 많을 것입니다.

　이 역시 관점을 바꿔 생각해보면 당신이 부모에게 힘이 없다고 믿으며 부모를 자기보다 아래에 두기로 결정한 것이라고도 볼 수 있습니다. 당신이 그런 생각을 하고 있다는 것을 부모가 눈치 채면 자녀에게 의존하기 위해 계속 약한 모습을 보이려고 할지도 모릅니다. 하지만 걱정할 필요는 없습니다. 부모에게도 힘이 있으니까요. 부모가 이루어낸 것, 성취한 것을 찾아보기 바랍니다.

당신이 불평을 들어주고 위로해주면서 부모의 마음을 보살펴주지 않는다면, 부모는 당신에게 의존하지 않고 조금씩이라도 자신의 힘으로 살아갈 것입니다.

당신이 본가를 떠난 후에도 부모가 잘 살고 있다면, 부모에게는 자녀에게 의존하지 않고 살아가는 힘이 있었다는 뜻입니다.

괜찮습니다. 부모에게도 분명 힘이 있을 테니까요. 부모에게도 힘이 있고 그 힘을 키워갈 수 있다고 믿으면서 조용히 지켜봐주세요. 또한 부모를 당신과 대등한 위치까지 올려놓는 것이 중요합니다.

자녀에게 의존하지 않고 살아가는 경험을 쌓으면서 지금까지 줄곧 자신은 약한 존재라 아무것도 할 수 없다고 믿었던 부모는 자신의 힘을 인식하게 될 것입니다.

예를 들어 부모에게는 힘이 없다고 생각하며 가족의 붕괴를 막으려고 혼자 애쓰던 자녀가 본가를 떠나자, 그때까지 자녀에게 의존하면서 마음의 외로움을 채워온 어머니와 자녀를 지배하면서 열등감을 해소해온 아버지가 서로를 마주하여 새로운 관계를 만들게 되었다는 이야기를 자주 듣습니다. 그러니까 부모와 연을 끊기로 한 사람도 부모에게 힘이 있다고 믿는다면 부모에게 느끼는 죄책감을 덜수 있을 것입니다.

부모의 자립은 자녀의 자립보다 시간이 더 걸린다

부모가 마음의 자립을 이루기까지 걸리는 시간은 자녀에 비해서 깁니다.

지금까지 상담을 통해 만나온 수많은 부모를 보면 몇 년씩은 걸렸습니다. 아무리 빨라도 1년에서 1년 반 정도는 필요합니다. 그것도 이제 더 이상 자녀에게 상처를 주고 싶지 않다는 마음으로 지속적인 상담을 받으며 변화하려고 노력한 경우에 그 정도 시간이 걸렸습니다.

이런 이야기를 들으면 앞으로 갈 길이 멀다는 생각부터 들지도 모릅니다. 하지만 괜찮습니다. 시간이 필요할 뿐이지 자립하지 못하는 부모는 없습니다. 당신이 부모의 지배와 의존에서 벗어나 적절한 거리를 유지한다면 부모는 자신의 힘으로 살아가면서 자립하는 수밖에 없으니까요.

그러니 부모도 자립할 수 있다고 믿으세요. 그리고 당신도 새로운 방향으로 한 걸음 내딛기 바랍니다. 당신이 자신의 기분을 우선시하며 살면, 부모는 자신의 삶을 마주하기 시작합니다. 당신이 스스로를 희생하지 않으면, 부모는 자신의 힘으로 행복해집니다.

당신과 부모가 모두 자립할 수 있게 되었을 때 비로소 진정으로 바람직하고 편안한 거리를 유지하며 동행하는 부모와 자녀 관계가 완성될 것입니다. 이미 부모와 연을 끊은 사람도 부모가 자립할 수 있다고 믿는다면 자신의 선택을 후회할 일은 없을 것입니다.

누군가 당신의 마음을
비난한다면

　부모와 거리를 두었다는 이유로 형제자매가 비난할 수
있습니다. 가족 중 누구도 당신을 이해해주지 않는다는 생
각에 괴롭겠지요. 그러나 그들이 비난한다고 해서 당신이
잘못된 선택을 한 것은 아닙니다.
　'경계선'이 무엇인지 모르고 부모의 지배나 의존에 휘둘
리고 있다는 사실도 알아차리지 못한 형제자매가 '부모를
존중해야 한다'라는 자신들의 확고한 믿음을 전파하려고
당신의 선택을 부정하는 것일 수도 있습니다. 또는 이미 부
모에게 마음의 문제가 있다는 것을 알면서 지금까지는 당

신에게 부모의 일을 떠맡기고 있던 형제자매가 당신이 부모와 거리를 두었다는 소식을 듣고 자신이 부모를 떠맡게 될지도 모른다는 불안감에 당신을 비난하는 것일 수 있습니다. 두 가지 경우 모두 형제자매의 문제이지 당신의 문제가 아닙니다.

친척이 당신의 선택을 부정할 때

친척 중에서도 특히 부모의 형제자매나 조부모처럼 부모와 사이가 가까운 사람들이 주로 당신의 선택을 부정합니다.

지금까지 가깝게 지내온 어른들에게 비난받으면 '정말 내가 이상한 건가?' 하는 의구심이 들 수도 있습니다. 하지만 당신이 잘못된 것은 아니니 걱정할 것 없습니다.

이렇게 생각해봅시다. 친척들은 당신의 부모와 같은 환경에서 자란 사람들입니다. 또는 당신의 부모를 키워준 사람이기도 하지요. 그러니 이모와 할머니는 어머니처럼 감정적인 말로 당신을 비난할 수 있습니다. 삼촌과 할아버지는 아버지의 말만 듣고 원래의 부모 자녀 관계로 돌아가라고 설득할 수 있고요. 이런 사례는 현실에서 얼마든지 찾을 수 있습니다.

부모와 사고방식이 비슷하거나, 평소에 불평하는 대화를 자주 나누는 친척이 있다면 주의하기 바랍니다. 그 사람들은 당신의 부모가 가지고 있는 마음의 문제를 똑같이 가지고 있을 가능성이 큽니다.

당신이 부모와 거리를 둔 것을 본 친척들이 마치 자신이 피해자가 된 것처럼 당신을 부정하는 이유는 같은 문제를 안고 있는 사람으로서 부모의 입장에 공감하기 때문입니다.

친구나 지인이 당신의 선택을 부정할 때

친구나 지인이 당신의 선택을 부정해도 그것 역시 당신의 문제는 아니므로 걱정하지 않아도 됩니다. 왜냐하면 당신이 잘못을 저질러서 비난받는 게 아니기 때문입니다.

당신의 선택을 부정하는 사람들은 '이 세상에는 마음에 문제가 있는 부모가 존재한다'는 사실을 모르고, 당신이 그런 부모에게서 상처를 받았으며 부모의 지배나 의존에 휘둘리며 살아왔다는 것을 이해하지 못합니다. 그러니까 당신의 입장에서 생각하지 못하고 자신이 알고 있는 부모 자녀 관계만을 바탕으로 판단하는 것이지요.

그들이 부모에게서 충분히 사랑받으며 자랐고, 본인도 부모에게 감사하는 마음으로 은혜를 갚고 싶어 한다면, 부모와 거리를 두는 것을 '불효'라고 생각할 수 있습니다. 당신을 비난하는 친구나 지인들은 부모와 거리를 둔다는 선택지가 낯설어 불안해하는 것입니다. 그런 불안을 해소하기 위하여 당신을 부정하는 것입니다.

배우자나 연인이 당신의 선택을 부정할 때

배우자나 연인이 부모와 거리를 두는 것을 잘못이라고 지적할 때도 있습니다.

이해받고 싶은 상대에게서 자신의 선택을 부정당하여 기댈 곳을 잃은 듯한 기분이 들면 마음이 매우 힘들겠지요. 하지만 그렇다고 해서 당신이 잘못된 선택을 한 것은 아니니까 걱정할 것 없습니다.

그들에게는 당신의 선택을 부정하고 싶은 이유가 있습니다. 예를 들어 당신의 부모가 감정적으로 분노를 폭발시키는 사람이라면 '다음번에는 내가 타깃이 되는 게 아닐까' 하는 두려움을 느끼게 됩니다. 그리고 자신에게 불똥이 튀지 않기를 바라니까 부모와 거리를 둔다는 선택을 부정하는 것입니다.

또는 상대도 부모의 지배나 의존에 휘둘리며 자라 부모에 대한 두려움과 죄책감을 가지고 있기 때문에 부모와 거리를 두는 것을 인정하고 싶지 않아서 부정하는 경우도 있습니다.

당신을 이해해주는 사람도 얼마든지 있다

부모와 거리를 두는 것을 부정하는 사람이 많겠지만 그렇다고 걱정할 필요는 없습니다. 당신의 선택을 이해하는 사람도 얼마든지 있으니까요. 그들도 부모와 자신 사이에 경계선을 긋고, 부모가 가진 문제에 따라서 적절하게 거리를 두는 것이 중요하다는 사실을 인지하고 있으며, 실제로 그렇게 행동하고 있습니다. 하지만 그들 역시 지금까지 많은 사람들에게 부정당해 왔습니다.

당신에게 꼭 말하고 싶은 것은, 이 세상에는 마음에 문제가 있는 부모가 존재하고, 상처받지 않기 위해 그런 부모와 거리를 둔 사람도 있으며, 그런 선택을 이해하지 못하는 사람들에게 비난받을 때도 있었지만, 지금은 행복하게 살고 있는 사람이 많다는 사실입니다.

남에게 부정당한다고 해서 불안해할 필요는 없습니다. 경계선 건너편에 있는 사람들이 당신의 괴로움을 이해하지 못한 것뿐이니까요. 중요한 것은 경계선을 분명하게 인지하는 것입니다. 누가 어떤 말을 하더라도 당신이 납득할 수 있다면 괜찮습니다.

부모를 용서하지
않아도 괜찮다

　냉정한 시선으로 지금까지의 부모 자녀 관계를 되돌아볼 수 있게 되면, 어린 시절부터 차곡차곡 쌓인 스트레스가 공격성으로 변하여 부모를 향하기도 합니다. 부모가 반성하는 모습을 보여도 '이제 와서 그래 봤자 너무 늦었어!'라고 생각하며 화가 치밀어 오를 때도 있지요. 그럴 때 어떻게 하면 당신의 마음이 편안해질 수 있을까요?

　'부모를 용서해야 하는 걸까? 부모를 용서하지 못하는 내가 속이 좁은 사람인 걸까?'라며 고민하는 사람이 많은데, 부모를 용서하기만 하면 정말 문제가 해결될까요?

결론부터 말하자면 부모를 용서하지 않아도 됩니다. 용서한다고 해서 부모가 당신에게 한 잘못이 없었던 일이 되는 것도 아니고, 용서하면서 부모에 대한 경계를 풀면 마음의 문제를 해결하지 못한 부모에게 또다시 상처받게 될지도 모릅니다.

그러니까 지금부터는 '죄를 사하는 것'을 목표로 하기 바랍니다. 죄를 사한다는 것은 과거의 죄가 없어지지는 않더라도 그 일로 부모를 원망하는 데에 더 이상 집착하지 않는 것입니다.

경계선도 제대로 유지하며, 부모가 해결해야 할 문제에는 최대한 관여하지 않는 것입니다. 미워진다고 해서 화를 내려고 다가가지도 않습니다.

부모를 비난하는 데 집착하지 않게 된 당신은, 자신의 인생에 집중할 수 있습니다. 자신의 느낌을 믿으면서 좋아하는 것을 선택하고 싫어하는 것은 피하면서 살면 됩니다. 언제나 자신의 행복을 판단 기준으로 삼으며 살 수 있습니다.

자신의 느낌을 선택의 기준으로 삼으면 된다

자신의 느낌에 따라서 좋아하는 것을 택하고 싫어하는 것은 피하면서 살아가려고 하니 '그건 너무 제멋대로 구는 것 아닌가' 하는 생각이 들어 부담스러운 사람도 있을 것입니다.

하지만 제멋대로 군다는 것은 경계선을 넘어서 타인의 영역을 침범하여 상대방에게 자신의 생각을 강요하거나 상대방을 부정하는 것입니다. 아마 당신의 부모에게서 그런 모습을 본 적이 있을지도 모르겠습니다.

당신이 인생을 어떻게 살았든, 경계선을 넘어 타인에게 상처를 주지 않고 '자신의 힘으로 살아가야 할 책임'을 다 했다면, 그것은 제멋대로 산 것이 아닙니다.

자신의 느낌에 따라서 선택한다는 것은 하기 싫은 일을 당장 그만둬도 된다는 뜻이 아니라, 무언가를 선택할 때 자신이 좋아하고 행복을 느낄 수 있는 쪽을 택하는 것입니다.

자신이 무엇을 좋아하는지 모르겠다면

이제부터 자신이 좋아하는 것들에 집중하며 살아야겠다고 결심했다가도 '그래서 내가 좋아하는 게 뭐더라?'라며 자신이 무엇을 좋아하는지 알 수 없어 낙담하는 사람도 있을 것입니다. 하지만 괜찮습니다. 누구에게나 '호불호'라는 느낌이 있습니다. 지금까지 당신이 그것을 활용하지 않았을 뿐입니다.

인간은 좋아하는 일을 하고 있으면 기쁘고 즐거워서 그 순간을 '좋다'고 느낍니다. 따라서 자신이 좋아하는 것이 무엇인지 알아내려면 기쁘고 즐거운 일을 해봐야 합니다.

처음에는 연습한다는 마음으로 간단한 일부터 시도해봅시다. 예를 들어 가고 싶었던 곳에 혼자 가서, 보고 싶었던 거리나 풍경을 직접 보고, 먹고 싶다는 생각이 드는 음식을 먹는 것입니다.

조금씩이라도 좋으니 직감에 따라서 무엇을 할지 선택하고 직접 경험해보면서 즐겁고 기쁘다는 감정이 무엇인지 알아봅시다. 만약 실제로 해봤더니 그다지 좋지 않다거나 오히려 별로라고 느꼈더라도 괜찮습니다. 좋아하지 않는 일을 발견했다면 선택지를 하나 지운 셈이니까요. 즉 자신이 정말 좋아하는 것을 고르기가 더욱 쉬워졌다고 볼 수 있습니다.

당신은 언제든지 바뀔 수 있다

   좋아하는 것을 판단 기준으로 삼고 살아갈 자신이 없다는 사람도 있습니다. 그런 경우에는 자신감을 키우는 것부터 시작하면 됩니다.

   '자신감'이라는 단어는 다양하게 정의될 수 있습니다. 여기서는 '자신의 경험에 대한 믿음'이라는 뜻으로 사용하겠습니다. 자신감을 키우는 방법으로 추천하는 것이 '혼자 살기'와 '혼자 여행하기'입니다.

   혼자 살거나 혼자 여행을 하다 보면 하루를 어떻게 보낼 것인지 매일 자신이 결정해야 합니다. 또한 자신이 행동하지 않으면 저절로 해결되지 않는 일들이 많습니다. 어떤 일을 할지 결정하고, 결정한 대로 실행해보기를 반복하다 보면 어떻게 하면 일이 잘 풀리고 어떻게 하면 일이 안 풀리는지 알 수 있습니다.

그런 경험이 쌓이면 나중에 새로운 무언가에 도전할 때 '지난번에 시도했던 방식을 활용하면 도움이 되겠다'고 떠올릴 수 있는 일이 늘어날 것입니다. 그리고 실제로 경험해 보면서 '역시 이 방법을 선택하길 잘했어'라거나 '다른 방법을 활용하면 더 좋은 결과를 얻을 수 있을 것 같아'라는 식으로 생각할 수 있습니다. 그렇게 자신감을 키우는 거죠.

자신감이 없을 때는 '나는 해내지 못할 것이다'라고 단정 짓고, 자신감이 있을 때는 '성공하든 실패하든 모두 경험이 되고 거기에서 배운 것을 다음에 활용하면 된다'고 생각합니다.

자신감이란 가치가 높은 사람만이 가질 수 있는 것이 아니라, 자신의 경험을 통해 배운 것을 믿는 사람이 가지는 것입니다. 스스로 자신감이 없다고 느껴진다면 자신이 지금까지 경험해온 것들을 찬찬히 돌이켜보세요. 그러다 어느 순간, 결정하고 행동으로 옮기는 것이 더 이상 두렵지 않게 느껴진다면 자신감이 갖춰지기 시작한 것입니다.

자신의 감정에
초점을 맞춰 살아가라

앞으로 자신을 위한 인생을 살아갈 당신에게 꼭 해주고 싶은 말은 '해낸 일'에 초점을 맞추자는 것입니다. 부모에게 자신을 부정당하면서 자란 사람은 열등감이 심해져서 타인과 자신을 비교하며 '왜 나는 이런 것도 제대로 못할까?'라는 생각에 빠지게 될 때가 있습니다.

타인과 자신을 비교하면 자신이 정말 원하는 것이 무엇인지 모르게 되어서 행복하게 살 수 없습니다. 그럴 때는 타인과 자신을 비교하기보다 과거의 자신과 현재의 자신을 비교하여 지금은 할 수 있게 된 것에 집중해보기 바랍니다.

과거의 당신은 할 수 없었지만 현재의 당신은 할 수 있는 것은 무엇인가요? 과거에 당신이 한 일 중에서 지금은 후회되는 것들이 있나요?

　예전에는 부모의 말을 곧이곧대로 받아들였지만, 지금은 의구심을 가지고 스스로 생각해보고 판단하려고 한다면 그것은 '해낸 일'입니다. 과거의 일을 후회하고 있다면 그것은 당신이 같은 실수를 반복하고 싶지 않다고 생각할 수 있게 되었다는 뜻입니다. 그것 역시 당신이 '해낸 일'이지요.

　이 책을 읽으며 부모에 대한 생각이 조금이라도 바뀌었다면 그것도 당신이 '해낸 일'입니다. 정말 축하할 일입니다. 당신이 매일 착실하게 살아가고 있다는 것을 실감하기 위하여 매일 자신이 해낸 일을 찾아보기 바랍니다.

자신의 감정에 집중한다

　타인과 자신을 비교할 때 질투와 동경을 주의해야 합니다. 좋아하는 일을 하면서 자유롭게 살고 싶지만 그렇게 살 자신이 없을 때, 실제로 그런 삶을 사는 사람을 보며 '하고 싶은 것만 하는 철부지'라고 생각하는 것은 질투입니다.

　더 이상 신뢰할 수 없는 부모와 거리를 두고 싶어 하면서도, 거리에서 사이가 좋아 보이는 가족의 모습을 마주하면 '나도 부모와 저런 관계가 되고 싶어'라고 생각하는 것은 동경입니다.

　질투와 동경 모두 자신의 진심을 보려고 하지 않고, 자신이 하고 싶은 일을 부정하는 상태에서 느끼는 감정입니다. 가장 중요한 것은 자신이 원하는 것을 알고 언제나 자신의 솔직한 감정에 맞는 행동을 해보겠다는 마음가짐입니다.

　다른 사람에게서 자신의 삶에 대한 정답을 찾을 수는 없습니다. 당신에게 맞는 정답은 당신의 마음속에 있으니까요. 앞으로는 질투와 동경에 주의하면서 자신의 감정에 집중하여 살아갑시다.

마음이 연결된 사람이
진정한 가족이다

어떤 모습으로 살고 싶은지 알게 되었다면, 지금부터는 어떤 사람들과 함께 살아가면 좋을지 생각해봅시다.

곁에 두어야 하는 사람은 '마음이 독립적인 사람'입니다. 이들은 책임감이 있어서 일이 잘 풀리지 않아도 남을 탓하지 않습니다. 사람마다 가치관이 다르다는 것을 인정하고 의견은 다양할수록 좋다고 생각합니다. 타인을 부정하거나 무언가를 강요하려고 하지도 않습니다.

마음이 독립적인 사람과 함께 있으면 당신의 마음에도 독립적인 부분이 서서히 늘어날 것입니다. 당신의 감정과 생각을 인정받는 일이 많아지므로 자신감도 점점 붙겠지요. 그렇게 되면 마음속에 그어놓은 경계선은 더욱 분명해져서 독립적인 사람과 마음에 문제가 있는 사람의 차이도 분명히 알게 될 것입니다.

앞으로의 인생에서 두 번 다시 타인의 지배나 의존에 휘둘리지 않으려면 마음이 독립적인 사람들과 함께 살아가야 합니다. 그리고 당신도 부모로부터 독립하여 자기희생을 멈추고 자신의 인생에 집중하여 살아가기 바랍니다.

마음이 연결된 사람이라면 '진정한 가족'이 될 수 있다

앞으로 '가족=마음이 연결된 관계'라고 생각하기 바랍니다. 부모와의 왕래를 줄인 사람, 본가를 떠난 사람, 부모와 연을 끊기로 한 사람 등 부모와 거리를 둔 모습은 다양하지만, 그들이 공통적으로 이야기하는 것이 부모와 멀어진 이후로 시작되는 고민도 있다는 점입니다. 그것은 바로 '상실감'입니다.

마음에 문제가 있다고는 하지만 누구도 대신할 수 없는

존재가 부모이고, 가끔은 좋았던 추억이 떠오르기도 할 것입니다. 그런 부모와의 관계가 단절된 직후에는 누구와도 이어져 있지 않은 것처럼 느껴져서 사무치게 외로움을 느끼기도 할 것입니다.

하지만 그럴 때 사람이 그립다는 이유로 다시 부모와 관계를 이어간다면 그때까지 당신이 기울인 노력은 물거품이 되고 말 것입니다. 그런 일이 일어나지 않도록 피로 연결된 사람이 아니더라도 진정한 가족이 될 수 있다는 사실을 기억하기 바랍니다.

진정한 가족이란 가치관의 차이를 인정하고 서로 존중할 수 있으며 마음이 연결된 관계입니다. 피로 연결되어 있어도 마음이 연결되어 있지 않으면 진정한 가족이라 할 수 없습니다. 가족이니까 서로를 이해하는 것이 아니라, 이해하려고 하니까 가족이 될 수 있는 것입니다.

만약 당신이 부모와 거리를 둔 후에 상실감을 느끼고 괴롭다면 지금부터 하는 말을 떠올리기 바랍니다. 당신은 언제든지 진정한 가족을 만들 수 있습니다. 당신을 이해해주는 사람들과 함께라면 마음이 연결된 진정한 가족이 될 수 있습니다.

진정한 가족을 이루는 데에
혈연은 크게 상관이 없습니다.
중요한 것은 서로의 차이를 인정하고
존중할 수 있는 사람들과 연결되는 것입니다.

제6장

부모와의 관계를 정리한

다섯 명의 사례자들

부모와의 관계를 정리해야겠다는 마음을 먹었다 해도
실제로 시도하는 것은 쉽지 않을 것입니다.
그렇다면 지금부터 들려드릴 사례자들의 이야기에 집중해보세요.
당신이 고민해온 문제들과 비교하며 읽다 보면
현재 상황을 개선할 방법에 대한 힌트와
용기를 얻을 수 있을 것입니다.

부모와의 관계 정리 후
새 삶을 찾은 사람들

　죄책감과 두려움 때문에 부모에게서 거리를 두는 것을 주저하는 사람들은 어떻게 죄책감을 덜었는지, 어떻게 부모가 통제하기를 포기하게 만들었는지 궁금할 것입니다.

　이 장에서는 괴로운 부모 자녀 관계에서 벗어나 자신의 인생을 되찾은 다섯 명의 사례를 소개할 것입니다. 모든 사례는 제가 심리 상담에서 실제로 다루었던 내용들을 바탕으로 재구성한 이야기입니다.

　지금까지 많은 사람이 자유로운 삶을 살 수 있게 되었듯이, 당신도 지금부터 살펴볼 사례들을 통하여 성인이 된 자녀가 부모 자녀 관계를 변화시켜서 독립적인 인생을 살게 되는 과정을 배울 수 있기 바랍니다.

당신은 어느 사례에 해당하나요?

각 사례에 등장하는 부모가 어떤 말과 행동을 하는지, 마음에 문제가 있는 부모의 자녀는 어떤 심리 상태인지 중점적으로 살펴보기 바랍니다. 그리고 자신의 부모가 자주 하는 말이나 행동과 비슷한 부분은 없는지 찾아보고, 내담자들의 감정과 당신이 느꼈던 감정을 비교해보세요.

실제 심리 상담에서 무엇을 중점적으로 다루는지, 상담사는 어떤 이야기를 하며 내담자를 돕는지, 가능한 한 현실적으로 적어두었습니다.

지금까지 많은 사람이 자유로운 삶을 살 수 있게 되었듯이, 당신도 지금부터 살펴볼 사례들을 통하여 성인이 된 자녀가 부모 자녀 관계를 변화시켜서 독립적인 인생을 살게 되는 과정을 배울 수 있기 바랍니다. 자신이 경험한 것과 비슷한 사례가 있다면 꼭 참고해보기 바랍니다.

사례 1: 어머니가
모든 인간관계를 감시해요

다미 씨는 어머니가 사는 본가에서 독립하여 같은 지역에서 혼자 살면서 직장을 다니고 있었습니다. 열네 살 때 부모님이 이혼했고, 그때부터는 어머니와 함께 살았습니다.

다미 씨는 어렸을 때부터 부모님이 싸우는 모습을 보며 자랐고, 매일 밤 고성이 오가는 집에서 베개로 귀를 틀어막으며 잠들어야 했습니다. 안락함을 느낄 수 없었던 가정에서 자란 다미 씨는 솔직히 부모님이 이혼해서 다행이라고 생각했습니다.

"혼자서 저를 키워주신 건 감사한 일이지만, 어
　　머니라는 존재가 부담스러운 건 사실이에요."

　이렇게 말하는 다미 씨는 어머니와의 관계로 고민하고 있었습니다. 취직도 가능한 한 본가와 먼 곳에서 하고 싶었습니다. 하지만 어머니는 본가가 있는 지역의 안정적인 직장이어야 한다는 조건을 내세웠고, 다미 씨는 어쩔 수 없이 본가가 있는 지역에서 공무원이 되기로 했습니다. 그 정도라면 본가를 떠나서 혼자 살 수 있을 것이라고 기대하며 나름대로 최선의 선택을 한 것입니다. 그리고 운 좋게 본가에서 먼 곳으로 발령을 받을 수 있었습니다. 하지만 혼자 살기 시작하면서부터 하루 동안 어머니가 보내는 메시지와 전화가 폭발적으로 늘어났습니다.

　메시지에는 일은 언제 끝나는지, 집에는 언제 들어가는지, 직장에 어떤 사람들이 있는지, 직장에서 인간관계는 어떻게 하고 있는지 묻는 내용이 담겨 있었습니다. 답장이 조금이라도 늦으면 바로 전화가 와서 "왜 답장을 빨리 안 보내니? 나한테 숨기는 거라도 있니?"라며 감정이 격해져서 몰아세우기 일쑤였습니다.

다미 씨는 그런 생활에 점점 지쳐갔습니다. 정신이 언제 무너져도 이상하지 않을 정도로 궁지에 몰려 있는 상태였습니다.

'연을 끊겠다'고 말하며 울부짖는 어머니

더 이상 참기 힘들어서 어머니에게 솔직한 마음을 표현한 적도 있습니다. "이제 어린아이도 아니니까 좀 내버려두면 안 돼요?"라고 말하자 어머니는 "그럼 이제 연을 끊자!"며 울부짖었습니다.

> "어릴 때부터 그랬어요. 어머니는 뭐든 자기 마음대로 되지 않으면 금방 '절연'이라는 말부터 했거든요. 그러고는 말문이 막힌 저에게 '너는 부모에게 상처를 주고 있어. 난 하나뿐인 딸에게 배신당한 거야'라며 몇 시간이고 소리치다가 그 후엔 계속 저를 무시해요. 그러다 '난 이제 죽을 거야' 같은 메시지를 몇 통씩 보내죠."

다미 씨는 취직을 하면서 따로 살게 되기 전까지 매일 어머니의 기분을 살피며 심기를 거스르지 않으려고 안간힘을 쓰며 살았습니다.

그랬던 다미 씨는 취직한 후에 직장에서 만난 남성과 사귀기 시작했고, 어느 날 프러포즈를 받았습니다. 다미 씨는 너무나도 기뻤지만, 한편으로는 어머니에게 그 소식을 어떻게 전해야 할지 고민했습니다.

프러포즈를 받았다는 사실을 조심스럽게 알리자 '그럼 나는 어떡해? 내 노후는 누가 책임지니? 나 혼자 쓸쓸하게 죽으라는 거야?' '이렇게 고생해서 키워놨으니까 언젠가는 은혜를 갚을 줄 알았더니, 완전히 배신당했어'라며 늘 그랬듯이 울며불며 화를 냈습니다. 지금까지는 어떻게 해서든지 어머니가 화를 내지 않도록 조심해왔는데, 결국 똑같은 반응이 돌아오는 것을 보며 다미 씨는 낙담했습니다. 동시에 어렸을 때부터 줄곧 들어온 "가족 말고는 아무도 믿어선 안 돼. 다른 사람들은 널 이용하려고만 할 거야. 믿어도 되는 건 가족뿐이다. 엄마랑 평생 이렇게 함께 살자"라는 말이 떠오르기도 했습니다.

계속 이렇게 살다가는 늘 어머니 눈치를 보고, 몇 살이 되어도 어머니의 간섭에서 벗어나지 못할 것 같았습니다. 심지어 어머니가 아프면 병간호까지 떠맡게 될 것이며 그렇게 인생이 끝날 것 같다는 두려움에 사로잡혔습니다.

그래서 어떻게든 해결할 방법을 찾기 위해 심리 상담을 받게 되었습니다.

부모의 책임과 자신의 책임 사이에 경계선을 긋다

이런 저런 이야기를 듣다 보니, 다미 씨가 어머니에게 느끼는 두려움이 너무 압도적이라는 것을 알 수 있었습니다. 그러한 두려움 때문에 쉽게 긴장 상태가 되어 미래의 일을 제대로 생각할 수 없게 된 것이지요.

문제를 회피하는 사고방식 때문에 '어쨌든 어머니를 화나게 하고 싶지 않다'는 바람이 강했으므로, 상황을 냉정하게 따져보지 못했습니다.

두려움이란 소중한 무언가를 빼앗기거나 망가뜨릴까 봐 불안할 때 느끼는 감정입니다. 그러한 두려움이 다미 씨의 판단 능력을 저하시킨다고 생각하여, 상담에서는 어머니에 대한 두려움을 줄이는 작업부터 시작했습니다. 앞으로 무슨 일이 일어날지 구체적으로 예측해보고, 예측한 일이 실제로 일어나지 않도록 대책을 세워본 것입니다.

또한 어머니에게 무슨 말을 듣더라도 자신의 생각이 틀리지 않았다는 자신감을 가지는 것이 중요하다고 판단했으므로, 그 점에 대해서도 다루었습니다.

다미 씨가 중점적으로 배운 것은 다음의 다섯 가지 사실입니다.

1. 의존적인 부모는 자녀에게 불평불만을 늘어놓는 경향이 있습니다.
2. 절연이나 죽음 같은 단어를 사용하는 부모는 자녀에게 자신의 감정을 강요하여 죄책감을 느끼게 함으로써 부모의 의존을 받아들이게 하려는 경향이 있습니다.
3. 자녀가 어머니의 의존을 받아주는 것은 어머니의 자립을 막는 것과 다름없습니다.
4. 어머니의 독립심이 낮은 상태가 계속되면 앞으로도 누군가에게 의지하려고만 하고 자신의 힘으로 살려고 하지 않

아 자녀에 대한 집착이 없어지지 않을 것입니다.

5. 어머니의 의존을 받아주지 않고 거리를 두는 것은 어머니가 자립할 수 있도록 돕는 일이기도 하므로 자신감을 가지고 멀어져도 됩니다.

다미 씨는 어머니와의 관계를 되돌아보면서 어머니의 의존을 받아주느라 얼마나 자신의 인생을 낭비했는지 깨달았습니다. 그때까지는 부모에게 감사해야 한다고 믿었던 다미 씨였지만, 부모의 책임과 자신의 책임 사이에 경계선을 그음으로써, 자신의 인생을 포기하면서까지 어머니를 위해 희생하고 싶지 않고 어머니가 자립할 기회도 빼앗고 싶지 않다고 생각하게 되었습니다. 그리고 더 이상 어머니를 두려워하며 어머니의 뜻에 따르고 싶지 않았습니다. 결국 이미 어머니에 대한 신뢰를 잃은 다미 씨는 어머니와의 관계를 완전히 끊기로 결정했습니다.

부모에 대한 두려움은 자신이 만들어낸 환상

다미 씨는 지금까지 어머니에게 말해본 적 없는 솔직한 마음을 전하기 위해 다음과 같은 내용을 담은 편지를 썼습니다. 어머니와 관계를 끊겠다고 결심은 했지만 여전히 어머니를 두려워하고 있었으므로 얼굴을 보고 말하기 어렵다고 판단했기 때문입니다.

- 지금까지는 상처받고 싶지 않으니까 어머니의 뜻에 따른 것일 뿐, 예전부터 거리를 두고 싶었다는 점
- 어머니에게 늘 감시당했으므로 자신의 인생을 사는 것 같지 않았다는 점
- 자녀에게 의지하지 말고 지금부터는 자신의 힘으로 살아가기 바란다는 점
- 이미 어머니에 대한 신뢰가 깨졌고 어머니에게서 편안함을 느낄 수 없게 되었다는 점
- 앞으로 어떤 말을 듣더라도 이 편지에 써놓은 감정은 변하지 않을 것이라는 점

그 외에도 집착이 강한 어머니가 회사에 연락할 것을 대비하여 상사에게 사정을 설명하고 단호하게 대응해달라고 부탁해두었습니다.

　또한 살고 있는 집의 계약기간이 다 되어 이사까지 강행했습니다. 어머니가 주소를 알아내지 못하도록 시청에 가서 주민표 열람 제한*도 신청했습니다.

　다미 씨가 편지를 보내자 예상한 대로 어머니는 전화를 수십 통 걸어왔습니다. 저는 다미 씨에게 전화를 받지 않아도 된다고 조언했습니다. 전화로 대응하는 것은 어머니를 지나치게 두려워하는 다미 씨에게 적절하지 않다고 판단했기 때문입니다.

　그러자 어머니는 메시지를 수십 통 보내오기 시작했습니다. 다미 씨는 어머니가 보낸 메시지들에 당황하지 않고, 저와 함께 심사숙고하여 결정한 표현으로 답장을 하면서 더 이상의 통제를 거부했습니다. 올바른 거절 방법을 배우

●　　주민표 열람 제한이란 일본에서 가정 폭력, 스토킹 등 부모의 아동 학대나 이에 준하는 행위를 당한 사람이 행정기관에 지원 조치를 신청함으로서, 가해 행동을 한 사람이 '주민기본대장 일부 사본 열람' '주민표 사본 등의 교부' '호적 부표 사본 교부'를 요청하더라도 그것을 제한하는 조치가 이루어지는 제도를 가리킨다.

고, 어떻게 해야 어머니가 포기할지 알게 된 다미 씨는 담담하게 자신이 배운 대로 행동했습니다.

구체적으로는 '어머니가 어떻게 생각하든 제 생각은 바뀌지 않아요' '어머니가 어떤 답을 내놓든 제가 어떻게 살아갈지는 제가 정해요'라며, 경계선을 분명히 의식한 표현을 사용하여 '의존을 받아주지 않을 것이고, 죄책감을 느끼지도 않을 것'이라는 태도를 보여주었습니다.

편지를 보내고 3일이 지났을 무렵 어머니가 보내오는 메시지에서 '연을 끊겠다' '이제 죽겠다'는 표현이 늘었지만 다미 씨는 더 이상 동요하지 않았습니다. 왜냐하면 죄책감을 부추기기 위해 하는 말이라는 것을 알았기 때문입니다.

회사로도 연락이 왔지만 상사는 다미 씨가 부탁한 대로 대응해주었고, 일주일이 지나자 더 이상 어떤 연락도 오지 않았습니다.

짧은 시간 동안 여러 가지 일을 경험한 후, 현재의 다미 씨는 자신이 왜 그토록 어머니를 두려워했는지 이해가 되지 않는다고 했습니다.

"어머니에 대한 두려움은 제가 만들어낸 환상

같은 거였나 봐요. 더 이상 두려워할 필요가 없

다는 걸 이젠 알아요.”

　몇 개월 후 다미 씨는 결혼 소식을 전하면서 이런 말을

남겼습니다.

사례 2: 제 삶은 부모님을 위해 존재하는 걸까요

한수 씨는 대도시의 병원에서 근무하는 의사입니다.

> "부모님은 고향으로 돌아와서 아버지의 병원을
> 이어 받으라고 얘기하지만, 저는 여기에 남고 싶
> 어요."

한수 씨는 몇 번이고 본가로 가서 자신의 뜻을 직접 전달
하려고 했습니다. 하지만 아버지와 어머니 모두 한수 씨의
생각을 부정하기만 할 뿐 전혀 이해해주지 않아서 이야기

가 진척되지 않는 것이 고민이었습니다.

아버지는 회사원인 부모 밑에서 자라 의사가 되었고 현재 개인 병원을 운영하고 있습니다. 어머니는 전업주부로, 어머니의 아버지와 할아버지 모두 의사였습니다. 어머니 쪽 친척 중 두 명도 의사이니 의사 집안 출신인 것이지요.

아버지는 외할아버지가 찾은 신랑감으로, 어머니는 외할아버지의 강력한 뜻에 따라 아버지와 결혼한 것이었습니다. 한수 씨는 어렸을 때부터 "아버지가 결혼하라고 하시니 어쩔 수 없었다"는 어머니의 푸념을 들으며 자랐습니다. 아버지는 집에서 언제나 자기 멋대로 행동했으므로 한수 씨는 그런 아버지를 견디는 어머니가 불쌍했습니다.

한수 씨가 의사로서 자신만의 길을 개척하고 싶다고 하면, 어머니는 '부모를 배신하는 것'이라고 했고, 그런 뜻이 아니라고 설명해도 "자식들을 위해서 그토록 고생했는데 이제 와서 이런 대접을 받을 줄 몰랐다"며 울음을 터뜨렸습니다. 아버지는 "어머니에게 상처 주지 마라. 네가 여기까지 올 수 있었던 게 누구 덕분이라고 생각하느냐"고 비난했습니다. 이러한 갈등은 수년 동안 반복되었습니다.

한수 씨는 이렇게 말했습니다.

"예전부터 어머니는 말버릇처럼 '자식들을 위해서 헌신하며 살았다'라고 했어요. 그리고 제가 어머니의 뜻에 따르지 않으면 금방 화를 내며 신경질적으로 변했지요."

"아버지에게도 혼나기는 마찬가지였습니다. '엄마를 힘들게 하지 마라. 왜 엄마 말을 안 듣는 거냐?'며 나무라기만 했습니다."

한수 씨는 어렸을 때부터 어머니가 우는 모습을 보면 죄책감을 강하게 느낀 것 같았습니다.

'내가 잘못해서 어머니에게 상처를 준 거야.'
'어머니를 슬프게 만들었으니까 아버지에게 혼나는 거야.'
'내가 나쁜 아이니까 나를 믿어주지 않는 거야'

그래서 한수 씨는 어머니가 슬퍼하지 않도록 열심히 공부했습니다. 성적은 늘 전국에서 상위권을 차지할 정도로 좋았고, 부모님이 원하는 대로 의과대학에 입학하여 아버지와 같은 의사의 길을 걷게 되었습니다. 하지만 왠지 자신의 인생을 사는 것 같은 기분은 들지 않았지요.

부모가 좋아하는 것은 알지만
자신이 좋아하는 것은 모른다

자녀가 부모에게 죄책감을 느끼는 이유는 '부모에게 사랑받고 싶다'는 본능이 있기 때문입니다. 그러니까 부모가 슬퍼하면 자기 때문이라고 생각하고, 자신이 원하는 것은 포기하면서 부모의 뜻에 따르지요. 그렇게 하지 않으면 부모에게 사랑받을 수 없기 때문입니다. 한수 씨도 그랬습니다. 부모에게 사랑받기 위해서는 어머니가 만족할 만한 인생을 택해야 했지요.

그러나 그런 식으로 살다 보면 자신이 무엇을 좋아하고 무엇을 싫어하는지 알 수 없게 됩니다. 한수 씨 역시 부모가 좋아하는 것은 알면서 자신이 좋아하는 것은 모르는 사람이 되고 말았습니다.

한수 씨를 위해 심리 상담에서 가장 먼저 한 일은 부모가 하는 말이나 행동의 심리적인 배경을 찾는 것이었습니다. 지금까지 아버지와 어머니가 한수 씨에게 했던 말, 보여준 태도와 행동에 대한 이야기를 들어보았습니다. 그리고 다음과 같은 분석 결과를 한수 씨에게 전달했습니다.

1. 어머니도 외할아버지에게 통제당하여 자랐고, 지금까지 자유롭게 살아본 적이 없으므로 자기 상실감을 느끼고 있을 가능성이 높습니다.

2. 어머니는 외할아버지의 뜻에 따라서 지금의 아버지와 결혼한 것을 후회하고 있으며, 그런 감정을 외면하기 위해 한수 씨를 이상적인 아들로 키우는 데에서 삶의 보람을 느끼고 있을 가능성이 높습니다.

3. 어머니는 슬퍼하는 모습을 보임으로써 아들을 통제할 수 있다는 것을 학습했고, 아버지는 그것을 알지 못한 채 어머니를 감싸려고 합니다. 그러한 아버지의 태도가 어머니를 안도하게 만들어서 신경질적인 면이 더 강화되고 있을 가능성이 높습니다.

4. 한수 씨는 오래전부터 지속적으로 부모에게 감정을 강요

당하는 상태로, 과도하게 죄책감을 느끼며 통제당하고 있
습니다.

　자신에게 문제가 있기 때문에 부모님이 슬퍼한다고 믿
었던 한수 씨는 어머니가 가진 마음의 문제 때문에 자신이
통제당했다는 사실을 알고 놀랐습니다. 그리고 한편으로
는 안심하기도 했습니다.
　자신이 부모에게 상처를 주거나 부모를 배신한 것이 아
니라, 어머니가 아들을 본인이 원하는 모습으로 키우기 위
해서 한 행동임을 알게 되면서 죄책감을 덜어낸 것처럼 보
였습니다.

부모의 감정과 자신의 감정 사이에 경계선을 긋다

　심리 상담에서 다음으로 한 일은 부모의 감정과 자신의
감정 사이에 경계선을 긋는 일이었습니다. '부모가 슬퍼하
는 것은 자신이 기대에 부응하지 못했기 때문'이라는 생각
은 경계선을 침범당하며 상처를 받아온 사람들이 주로 보

이는 사고방식이라는 것을 배웠습니다.

그리고 마음이 건강한 부모는 자녀에게 감정을 강요하지 않고, 자녀의 인생은 자녀가 결정하는 것이라고 생각한다는 사실도 배웠습니다.

부모는 자녀가 자신의 기대에 부응하는 것이 당연하다고 믿기 때문에, 기대가 이루어지지 않을 것 같으면 자신이 피해를 받았다는 생각이 들어서 "너를 키우느라 얼마나 고생했는데" 같은 말을 하게 된다는 것도 배웠습니다.

이런 식으로 한수 씨는 지금까지 어머니나 아버지에게 들어온 말이나 그로 인해 각인된 생각들 하나하나에 경계선을 그었습니다. 그렇게 부모의 인생과 자신의 인생 사이에도 경계선을 그을 수 있게 되었습니다.

"저는 제 인생을 살면 되는 거네요"라고 말하는 한수 씨는 그제야 한숨을 돌리고 안도했습니다.

자신을 위해 살겠다는 결심

경계선을 그을 수 있게 되었다면 다음으로 할 일은 부모에게 어떻게 솔직한 감정을 전달할지 고민해볼 차례입니다. 감정은 말로 표현하지 않으면 전해지지 않습니다. 지금까지는 아버지의 병원을 이을 것인지 말 것인지에 대해서만 이야기해왔지만, 한수 씨가 전달해야 하는 것은 '자신을 위해서 살겠다'는 의지였습니다.

- 아주 어렸을 때부터 부모를 실망시키지 않으려고 애써왔다는 것
- 부모의 마음을 아프게 하지 않는 것이 아들인 자신의 역할이라고 생각했지만, 사실은 그저 사랑받고 싶었을 뿐이라는 것
- 부모는 자신들이 바라는 삶의 방식을 따랐을 경우에만 칭찬해주었는데, 그렇지 않은 모습도 바라봐주기를 바랐다는 것
- 이 이상 부모의 뜻에 따라 살아가는 것은 죽은 상태로 살아가는 것과 다름없다는 것
- 지금부터 스스로 생각하고 결정하며 살아가겠다는 것

이것은 심리 상담을 받으면서 정리한, 지금까지 말로 표

현해본 적 없는 진심입니다. 한수 씨는 이러한 진심을 편지로 전달할 수도 있었지만, 직접 얼굴을 보고 전하지 않으면 후회할 것 같다고 하면서 본가로 가서 이야기하기로 결정했습니다.

그래서 저는 주의점 몇 가지를 알려주었습니다. 죄책감이 느껴지고 마음이 너무 힘들다면 당장 그만둘 것. 부모가 '배신당했다'고 하더라도 거기에 대응하지 말고 하려고 했던 말만 전달하고 돌아와도 된다는 것. 마침내 한수 씨는 본가로 향했습니다.

부모에게 거부당해도 안도감과 즐거움을 누릴 수 있다

본가에서 돌아온 한수 씨는 바로 저에게 연락을 해왔습니다.

> "어머니는 울면서 저를 말리려고 했지만 결국은 '배신당했다'며 오열했습니다. 아버지는 여전히 어머니를 감싸기만 하고 제 감정은 안중에도 없

었어요. 결국 '이제 집에 오지도 말거라'라는 말을 들었습니다."

"그런데 마음은 정말 홀가분해졌어요. 지금까지는 제가 잘못된 거라고만 생각했는데, 아버지와 어머니 모두 자신들의 문제에서 도망쳤고 그로 인한 후폭풍이 저에게까지 영향을 미치고 있다는 걸 실감했습니다."

그로부터 1년이 지난 후, 어머니에게서는 가끔 연락이 온다고 했습니다. 전처럼 아버지의 병원을 이어받으라는 말은 하지 않고, 아픈 곳은 없는지, 일은 잘 되어가는지 묻고, 가끔은 연락하라는 말을 한다고 했습니다.

아버지에게서는 전혀 연락이 없었고, 어머니를 통해 '아버지에게 네 이야기를 꺼내면 화를 낸다'는 이야기를 들었다고 합니다.

한수 씨는 여전히 아버지는 제멋대로고 어머니는 의존적이라고 생각하지만, 그렇다고 두 사람을 싫어하는 것은 아니었으므로 무리하지 않는 선에서 메시지를 주고 받는다고 했습니다.

마지막으로 한수 씨는 이렇게 말했습니다.

> "지금까지는 무엇을 결정할 때마다 부모님이 어떻게 생각할지부터 걱정했는데, 지금은 그러지 않아도 되니까 정말 편해요. 아버지는 저를 거부하고 있는데 그게 통제하기를 포기하기 직전 단계로, 경계선이 확실히 그어진 상태라는 뜻인 걸 아니까 걱정하지 않습니다. 자신의 인생을 산다는 건 이렇게나 좋은 일이군요."

사례 3: 제가 결혼하면
무조건 불행해질 거래요

민희 씨는 부모님과 함께 살고 있었고 외동딸이었으며 한 기업의 인사부에서 근무했습니다.

"집안 환경이 너무 다르다는 이유로 결혼을 반대하세요."

첫 심리 상담에서 민희 씨는 불안에 떨며 이야기했습니다. 옆자리에는 결혼 상대인 상현 씨가 걱정스러운 얼굴로 민희 씨의 등을 쓰다듬어주고 있었습니다.

민희 씨는 도시의 조용한 주택가에서 자랐습니다. 아버지는 누구나 한 번쯤은 들어봤을 법한 대기업의 임원이었습니다. 어머니는 결혼한 후로 줄곧 전업주부였습니다. 아버지는 일 때문에 집을 비울 때가 많았고, 그만큼 민희 씨와 어머니의 관계는 가까웠습니다.

"어릴 때부터 어머니에게 성적이나 진학 문제로 잔소리를 듣기는 했지만 그게 불만스럽지는 않았어요. 제가 결혼한다고 하면 당연히 기뻐하실 거라고 생각했고요."

"결혼하고 싶은 사람이 생겼다고 말했을 때도 반대하는 기색은 없었고 어머니는 웃으며 제 이야기를 들어주었어요."

"하지만 그 사람의 출신지, 학력, 가정 환경이 어떤지 듣자마자 어머니의 표정은 돌변했고 갑자기 결혼을 반대하기 시작했어요."

그렇게 말하는 민희 씨의 볼 위로 눈물이 흐르고 있었습니다. 심각한 표정으로 울고 있는 모습을 보니 크게 충격을 받았다는 것을 알 수 있었지요.

"그런 사람과 결혼하면 불행해질 거야"

민희 씨의 결혼 상대인 상현 씨는 고향에서 대학을 졸업한 후에 취업을 하면서 도시로 온 34세 남성이었습니다. 아버지는 중소기업을 다녔고 어머니는 파트 타임으로 일하고 있었습니다.

민희 씨가 처음으로 상현 씨의 가정 환경에 대하여 어머니에게 이야기했을 때 돌아온 반응은 '그런 사람과 결혼하면 불행해질 것'이라는 말이었습니다. 어머니는 그것 외에도 이런저런 말로 결혼을 반대했습니다.

> "나는 절대 허락 못 해."
>
> "아버지도 반대할 게 분명해."
>
> "집안 차이가 너무 나면 절대 행복할 수 없어."

"그런 사람에게 소중한 딸을 줄 수 없어."

"너도 언젠가 내 말이 맞았다고 생각하는 날이 올 거야."

어머니는 감정이 격해져서 일방적으로 반대만 할 뿐, 민희 씨의 감정을 헤아리지는 못했습니다. 매일같이 결혼을 포기하라고 설득당하던 민희 씨는, 무슨 말을 해도 이해해주지 않는 어머니와 함께 사는 것이 견딜 수 없어서 결국 집에서 뛰쳐나갔습니다.

심리 상담을 받던 날은 그렇게 본가를 나가서 결혼 상대의 집으로 들어간 지 딱 2주가 지난 때였습니다.

어머니와 딸의 심리적 유착

민희 씨를 위해 심리 상담에서 가장 먼저 한 일은 민희 씨의 심리 상태를 분석하는 것이었습니다.

민희 씨에게는 다음과 같은 다양한 질문을 했습니다.

"부모님과의 관계는 어땠나요?"

"부모님 사이는 어땠나요?"

"부모님에게 들었던 말 중 인상에 남는 것은 무엇인가요?"

질문에 대한 민희 씨의 답변을 통해, 어머니는 체면을 지나치게 중시하고 사회적인 지위에 크게 신경 쓰는 사람이고 아버지는 가족에게 무관심한 사람이라는 사실을 알게 되었습니다.

어머니가 예전부터 자주 하던 말은 "좋은 학교, 좋은 회사에 들어가서 누구에게도 부끄럽지 않은 사람이 되어야 한다"는 말이었습니다. 민희 씨는 그런 말을 듣고 최선을 다해 공부했습니다. 그리고 명문이라 불리는 중학교, 고등학교를 거쳐 유명한 대학에 들어갔으므로 어머니는 매우 만족했습니다. 하지만 성적이 좋지 않을 때는 어머니의 태도가 왠지 모르게 차가워져서 민희 씨는 어머니를 기쁘게 하겠다는 마음 하나로 공부에 더욱 매진했습니다.

아버지는 예전부터 일만 했고 가족에게는 그다지 관심이 없었으며, 가끔 시간이 나도 골프를 치러 나갔으므로 가족끼리 함께 시간을 보낸 기억은 거의 없었습니다. 그리고 그런 아버지에 대한 불만을 어머니가 이야기하면 민희 씨가 나서서 어머니를 위로해야 했습니다.

그렇게 과거의 일을 이야기하면서 민희 씨는 자신이 어머니에게 너무 큰 죄책감을 느끼고 있다는 사실을 알아차리기 시작했습니다.

"어머니가 마음 아파할 일이 없으면 좋겠어"

"어머니를 혼자 두어서는 안 돼"

"불쌍한 어머니를 내가 돌봐주어야 해"

이렇게 생각하면서 어머니를 기쁘게 해주지 못하는 자신을 비난해왔던 것입니다. 민희 씨의 마음은 어머니와 강하게 유착된 상태였습니다. 민희 씨와 어머니 사이에 경계선이 거의 없는 셈이었지요.

사실 민희 씨는 어머니가 원하는 인생을 살고 있었습니다. 어머니가 자랑할 수 있는 학교의 교복을 입고, 어머니가 만족할 만한 회사에 다니면서 그것이 자신의 행복이기도 하다고 믿었습니다.

하지만 민희 씨는 어머니의 마음만 너무 신경 쓴 나머지 자신의 마음은 희생하고 자신의 모든 에너지를 오직 어머니를 위해 쓰는 상태였습니다.

　이와 같은 심리 상태 분석 결과를 전달하자 민희 씨는 매우 놀라는 기색을 보이면서도 동시에 '이해가 된다'고 했습니다. 지금까지 공부든 교우관계든 어머니가 시키는 대로 해오면서, 하고 싶은 일 있어도 그때마다 '어머니가 시키는 대로만 하면 된다'고 생각하면서 참아온 기억이 되살아나는 것처럼 보였습니다.

부모의 가치관과 자신의 가치관 사이에 경계선을 긋다

　다음과 같이 부모님의 심리 상태를 분석한 결과도 민희 씨에게 전달했습니다.

> 1. 어머니는 '자신이 생각하는 행복'과 '자녀의 행복'이 일치할 것이라고 믿습니다.
> 2. 어머니는 민희 씨의 결혼 상대가 '딸의 사회적 지위를 깎

아내리는 존재'라고 단정 짓고 있습니다.

3. 심리적 유착 상태를 해결하지 않으면 앞으로도 어머니가 생각하는 이상적인 삶을 강요당하고 자신을 희생하는 인생을 살게 될 것입니다.

이러한 분석 결과를 통해 민희 씨는 지금까지 어머니와 자신의 관계가 얼마나 비정상적이었는지 인식하게 되었고 '어머니가 반대하더라도 자신이 원하는 사람과 결혼하고 싶고, 가능하다면 정상적인 부모 자녀 관계를 만들고 싶다'고 했습니다.

심리 상담에서 다음으로 한 일은 민희 씨가 느끼는 과도한 죄책감을 없애는 것이었습니다. 죄책감은 어머니와 민희 씨의 심리적 유착을 해소하지 못하게 만드는 원인이었기 때문입니다.

심리적 유착을 끊어내기 위해서는 두 사람 사이에 경계선을 그을 필요가 있었습니다. 여러 차례의 심리 상담을 거치면서 부모의 가치관과 자신의 가치관은 다르다는 것, 부모의 감정적인 발언 때문에 죄책감을 느낄 필요는 없다는 것을 깨닫게 되었고, 어머니의 말과 태도에 의구심을 가지게 된 민희 씨는 서서히 자신의 생각에 자신감을 가지게 되었습니다.

결국 민희 씨는 어머니에게 편지를 쓰기로 했습니다. 편지에는 어렸을 때부터 성인이 될 때까지 어머니에게 느꼈던 솔직한 감정과 함께, 어머니의 기분을 살피며 자신이 원하는 것을 참아야 했던 일들에 대해 적었습니다.

그리고 어머니가 딸의 행복을 바라는 것은 고마운 일이지만 한편으로는 그것이 상처가 되기도 한다고 전했습니다. 자신에게는 부모와는 다른 자기만의 가치관이 있고, 자신에게 행복이란 사회적인 지위를 높이는 것이 아니라 사랑하는 사람과 따뜻한 가정을 꾸리는 것이라고 분명하고 직접적으로 표현했습니다.

마지막으로 이대로 결혼 반대가 계속되고 더욱 상처받게 된다면 어머니를 정말 미워하게 될 것 같다는 말도 적었습니다.

민희 씨는 자신의 감정을 편지 형태로 남김으로써 자신과 어머니 사이에 경계선을 긋고 죄책감을 버릴 수 있었습니다. '어머니가 선택한 인생과 자신이 선택한 인생이 달라도 된다'고 분명하게 깨달은 순간이었습니다.

편지를 보내고 일주일이 지나고 나서 어머니의 답장이 민희 씨의 직장에 도착했습니다. 그리 길지 않은 편지에는 이렇게 쓰여 있었습니다.

> "미안하다. 내가 너의 행복을 너무나도 바란 나머지 내 생각만 강요하고 말았구나. 결혼은 네가 결정할 일이다. 그 사람과 함께 따뜻한 가정을 꾸리기 바란다."

그 소식을 전하는 민희 씨는 매우 행복해 보였습니다. 부모의 반대가 없어지자 민희 씨는 상현 씨와 결혼하여 지금은 아이까지 세 명이 가족을 이루고 있습니다. 어머니와의 관계는 전보다 훨씬 편해졌다는 소식을 전해왔습니다.

다만 여전히 아버지는 가족에게 관심이 없다고 했습니다. 가끔 어머니가 아버지에 대한 험담을 하려고 하지만, 그럴 때마다 민희 씨는 '그런 얘기는 듣고 싶지 않다'고 단호하게 거절하고 있다고 했습니다.

'어머니와 아버지의 관계는 두 사람의 문제이지 내 문제가 아니다.'

'어머니가 살아가는 방식과 내가 살아가는 방식은 다르다.'

'행복에 대한 어머니의 가치관과 나의 가치관은 다르다.'

이렇게 어머니와 자신 사이에 경계선을 그음으로써 자신의 가치관에 자신감을 가지게 된 민희 씨는 죄책감에 통제당하지 않는 자유로운 인생을 살 수 있게 되었습니다.

사례 4: 이대로는 인생도 돈도
다 빼앗길 것 같아요

유찬 씨는 지방에서 어머니와 함께 살고 있었습니다.

"부모와 연을 끊으려면 어떻게 해야 하나요? 이
대로 살다가는 결혼도 못하고 평생 어머니 말만
따르다가 모은 돈을 다 빼앗기게 될까 봐 걱정입
니다."

그렇게 말하는 유찬 씨는 미래에 대한 걱정 때문에 안절
부절못하는 모습이었습니다.

수년 전 어머니는 정년퇴직을 하면서 수입이 없어지자 유찬 씨에게 본가로 돌아오라고 했고, 유찬 씨는 그 말에 따라 본가로 가서 어머니와 함께 살기 시작했습니다. 하지만 유찬 씨는 거기서부터가 잘못이었다고 했습니다.

"예전부터 어머니가 무서운 사람이라고 생각은 했지만 이상한 부모인지는 몰랐습니다."

"하지만 함께 살게 되면서 어머니가 화내는 모습을 본 순간 떠올랐습니다. 어렸을 때 감정이 격해져서 야단을 치고 화를 내던 어머니에게 얻어맞았던 일이요."

"지금도 저에게 노력이 부족하다는 둥, 부모를 더 소중하게 대하라는 둥, 호통 치기 일쑤입니다. 이미 늦은 것인지도 모르지만, 어머니와 함께 살기로 한 게 후회됩니다. 지금부터라도 어머니에게서 벗어나는 방법은 없을까요?"

유찬 씨는 어렸을 때부터 어머니에게 폭력을 당해왔습니다. 사춘기 때 아버지를 여의고 어머니, 동생과 함께 살았습니다. 매일같이 화를 내며 야단치는 어머니를 보면서 마음은 늘 긴장 상태였습니다. 집에 있으면서 편안했던 기억은 거의 없었습니다. 언제 무엇 때문에 혼이 날지, 또 언제 맞을지 몰라서 항상 불안했습니다. 하지만 어머니를 화가 나게 만드는 자신에게 잘못이 있다고 생각하며 살아왔습니다.

"다 널 위해서 하는 말이야"라는 어머니의 말을 그대로 믿었던 것이지요.

"배 아파서 낳아줬으니 은혜를 갚아라"

유찬 씨는 취직한 후부터 어머니에게 용돈을 보냈습니다. 어머니는 유찬 씨가 취직한 후부터 서서히 일을 줄였습니다. 아들의 수입을 믿었던 것이겠지요. 유찬 씨는 여전히 매달 100만 원을 보내고 있으며, 그 외에도 생활하는 데 필요한 비용을 모두 대신 내주고 있다고 했습니다.

그렇게까지 하는 이유는 어머니에게 경도 수준의 장애가 있었기 때문입니다. 일상생활에 지장을 주지 않는 정도의 청각 장애였는데, 직장에서 가끔 대화를 알아듣지 못할 때가 있었기 때문에 "귀가 안 좋은데도 열심히 일한다"는 평가를 듣기도 했다고 합니다.

그런데 언제부턴가 유찬 씨에게 "너무 힘들어서 더 이상 일을 못하겠다"는 말을 하기 시작했고, 자신이 어머니를 고생시켰다고 생각한 유찬 씨는 경제적으로 어머니를 부양하는 것이 자신의 역할이라고 스스로를 타일렀습니다.

하지만 어머니가 취미 생활에 돈을 쓰거나 동생과 여행을 다니고 동생에게 용돈을 주는 모습을 보면서, 어머니가 정말 힘든 게 맞는지 의문이 들 때도 많았다고 합니다.

사실 유찬 씨의 생활은 궁핍했고 어머니에게 돈을 보내고 나면 정작 자신은 저축도 하기 어려웠습니다.

반면에 어머니는 연금도 받고 있어서 생활하면서 돈 때문에 힘든 일은 없을 것 같았습니다.

그런데도 어머니는 "장남이니까 부모를 봉양하는 게 당연하다"며 도와주기를 바랐습니다. 어머니의 씀씀이를 보면 절약하는 것 같지도 않았습니다. 하지만 그렇다고 해서 불평을 말할 수는 없었습니다. 왜냐하면 그런 말을 꺼냈다가는 어릴 때처럼 얻어맞을지 모른다는 생각에 두려웠기 때문입니다.

어머니는 조금이라도 기분이 상하면 "배 아파서 낳아줬으니 은혜를 갚아야지"라는 말을 자주 했습니다. 자신의 의견을 말하면 또 그런 반응이 돌아올 것이라고 상상하는 것만으로도 마음은 긴장되기 시작했습니다.

이런 이야기를 들으면서 유찬 씨의 마음이 어머니를 향한 두려움에 의해 완전히 지배당하고 있다는 사실을 알 수 있었습니다.

이대로는 삶을 모조리 빼앗길 것이라는 두려움

'이대로 살다가는 자신의 인생을 모조리 빼앗길지 모른다'고 생각한 유찬 씨는 간절한 마음으로 상담소를 찾아봤다고 했습니다. 유찬 씨의 의지는 상당히 확고했고 '어머니와 연을 끊겠다'고 결정한 상태였습니다.

유찬 씨는 부모가 자신의 진심을 알아줄 때까지 노력하

면 좋은 부모 자녀 관계를 만들 수 있을 거라고 믿었습니다. 하지만 더 이상 노력하는 것은 무리라는 사실을 깨달았습니다. 그런데도 정말 부모와 연을 끊어도 괜찮을지, 그런 결정을 내렸다고 주변 사람들에서 비난받지 않을지 걱정되고 불안해서 고민이 되었습니다. 그래서 전문가의 의견을 듣고자 심리 상담을 신청한 것이었습니다.

저는 부모와 연을 끊을 것인지 결정할 때의 판단 기준을 알려주었고, 유찬 씨는 이제 더 이상 부모를 믿을 수 없기 때문에 연을 끊기로 했다는 뜻을 전해왔습니다. 부모와 연을 끊을 것인지 결정할 때의 판단 기준은 앞장에서 자세히 다루었습니다.

신뢰할 수 없는 사람과 연을 끊는 것은 잘못이 아니다

유찬 씨를 위해 심리 상담에서 가장 먼저 한 일은 부모가 가진 마음의 문제를 분석하는 것이었습니다. 그리고 다음과 같은 분석 결과를 유찬 씨에게 전달했습니다.

1. 어머니에게는 정신적으로 미성숙한 부분이 있으며, 자신의 힘으로는 살아갈 수 없다고 믿는 의존적인 사람일 가능성이 높습니다.
2. 어머니는 감정을 통제하지 못하며 어쨌든 자신은 피해자라고 생각합니다.
3. 어머니가 이 상태로 나이가 들면 의존적인 성향은 더욱 강해질 수 있고, 고령인 부모에게서 거리를 두려고 할 때 죄책감을 더 크게 느낄 가능성이 있습니다.

그리고 이 분석 결과를 바탕으로 부모의 행동을 예측해보았습니다.

콤플렉스를 가진 부모는 자신에게 불편한 일이 생기면 스스로를 피해자라고 생각하며 상대방을 공격하려고 합니다. 유찬 씨의 어머니는 "배 아파서 낳아줬으니 은혜를 갚으라"는 말까지 하는 사람이니까, 그런 식으로 자녀를 몰아세우면서 부모를 보살피지 않는 게 잘못이라며 공격해올 것이라고 예측할 수 있었습니다.

동생은 어머니 편을 들 가능성이 높았습니다. 어머니는 동생에게는 약해서 유찬 씨에게 받은 생활비를 이미 사회인인 동생에게 용돈으로 줄 정도였습니다. 동생이 어머니와 가깝게 지내면서 이익을 취하고 있다는 점을 고려하면 부모가 안고 있는 마음의 문제를 모르고 있을 가능성이 높았습니다.

게다가 동생은 예전부터 유찬 씨의 불만을 어머니에게 일러바치는 등 약삭빠르게 굴었다고 했으므로, 어머니 편을 들 것이라고 예상하며 그에 대한 대책도 세웠습니다.

이렇게 유찬 씨는 심리 상담을 통해 마음이 건강한 부모와 건강하지 않은 부모의 차이가 무엇인지 배우고, 마음이 건강하지 않은 부모를 상대로 자신이 하려는 일이 옳은지 그른지 판단하면서 마음속에서 경계선을 긋는 작업을 해 나갔습니다.

결국 유찬 씨는 '두 번 다시 부모에게서 상처받고 싶지 않다' '더는 힘들게 번 돈을 빼앗기고 싶지 않다' '상대가 부모라 할지라도 신뢰할 수 없는 사람과 연을 끊는 것은 잘못된 일이 아니다'라고 확신할 수 있게 되었습니다.

유찬 씨는 어머니 몰래 이사 갈 집을 구했습니다. 본가를 떠나기 한 달 전의 일이었습니다. 그와 동시에 본가를 떠날 때 남기고 갈 편지를 적기 시작했습니다. 저는 아무 말도 남기지 않고 본가를 떠나는 경우의 위험성에 대해 설명했습니다. 아무것도 모른 채 자녀와 멀어진 부모는 자녀가 유괴당했거나 사건에 휘말렸을까 봐 걱정하면서 끈질기게 찾아내려고 합니다.

회사에 연락하는 부모가 있는가 하며 자녀의 친구나 지인을 찾아가 수소문하는 부모도 있으므로 문제는 점점 심각해질 수 있습니다. 그런 이야기를 하자 유찬 씨는 이렇게 말했습니다.

> "저의 소중한 사람들과 직장 동료들에게 피해를 주고 싶지 않아요. 그리고 아무것도 얘기하지 못한 채 집을 나오면 저도 후회할 것 같으니까 편지를 쓰겠습니다."

그리고 본가를 떠나는 것은 자신이 스스로 선택한 일이며, 이제 두 번 다시 돈을 보낼 일도, 함께 살 일도, 부모를 돌봐줄 일도 없다는 의지를 편지에 적었습니다. 지금까지는 두려워서 말할 수 없었던 진심을 전하기 위한 편지이기도 했습니다.

본가를 떠나기 직전에는 '주민표 열람 제한'도 신청했습니다. 과거의 학대 이력을 증명하기 위한 소명 자료*도 심리 상담 중에 작성했습니다. 그리고 이사 갈 지역의 관할 경찰서와 시청에 가서 소명 자료를 보여주며 어릴 때부터 받아온 폭력과 폭언에 대해 설명했습니다. 이로써 어머니가 유찬 씨의 주민표와 호적 부표를 열람할 수 없게 되었으므로 이사 간 주소를 찾기가 어려워졌습니다.

다음으로는 회사의 상사에게 사정을 설명했습니다. 그리고 업무와 관계없이 자신을 찾는 연락이 오거나 방문하는 사람이 있으면 대신 거절해달라고 부탁했고 상사도 이해해주었습니다.

- 소명 자료란 경찰관이나 행정 직원에게 과거의 일을 객관적으로 알리기 위한 서류를 말한다.

드디어 본가를 나가는 날이 되었고, 유찬 씨는 어머니가 자고 있는 동안에 거실의 탁자 위에 편지를 두고 집을 떠났습니다.

그후 예상한 대로 어머니에게서 전화가 수십 통 걸려왔습니다. 메시지도 수십 통 도착했습니다. 유찬 씨는 다리가 후들거릴 정도로 무서웠지만 심리 상담에서 배운 대로 하나씩 단호하게 거절했습니다.

동생에게서도 메시지가 왔습니다. 어머니를 옹호하는 말과 유찬 씨를 비난하는 말로 가득한 메시지였는데 그것 역시 단호하게 거절했습니다.

심리 상담사인 저와도 늘 연락을 주고받을 수 있도록 해두고, 유찬 씨가 받은 메시지를 보면서 어떻게 대응할지 함께 고민했습니다. 그런 일이 일주일 정도 계속되었고, 그후 서서히 메시지가 오는 빈도가 줄기 시작했습니다.

마지막으로 어머니에게 받은 메시지에는 "내가 죽으면 그건 다 너 때문이야"라는 말이 있었습니다. 그후로는 어머니에게서도 동생에게서도 연락은 오지 않았다고 합니다.

유찬 씨는 몇 년이 지난 지금도 주민표 열람 제한을 매년 연장한다고 했습니다.

"평범한 사람이 아니니까 갑자기 무슨 짓을 할지 몰라서 제 마음의 안정을 위해 매년 연장하고 있어요. 어머니에게 연락이 오지 않으니 하루하루를 정말 편안하게 보낼 수 있습니다."

이렇게 말을 전하는 내내 유찬 씨의 웃는 얼굴은 정말 눈부셨습니다.

미진 씨는 도쿄에서 부모님과 함께 살고 있었습니다.

"회사에서 해외 근무 제안을 받았는데, 그 소식
을 아버지에게 전하니까 '네가 해낼 수 있을 리
없잖아'라고 하셨어요."

"선생님의 칼럼을 읽고 저희 아버지가 권위적인
유형이라는 걸 알게 되었습니다. 더 이상 아버지
에게 지배당하고 싶지 않아요. 아버지와 거리를

두고 싶어요."

　미진 씨는 흐르는 눈물을 애써 참으며 그렇게 말했습니다. 미진 씨의 아버지는 컨설턴트 기업의 경영자였고 어머니는 결혼한 후부터 계속 전업주부였습니다. 아버지는 집에서 언제나 난폭하게 굴었고 어머니는 대등하게 맞서지 못했습니다.

　아버지가 어머니를 괴롭히는 모습을 자주 봐온 미진 씨는 어머니에게 왜 이혼하지 않느냐고 몇 번이고 물었지만 어머니는 "네 아버지가 없으면 나는 살 수 없어"라고 대답했으므로 더 이상 참견하기를 포기했습니다. 하지만 그런 어머니를 위로하는 것은 여전히 미진 씨의 일이었습니다.

아버지에게 혼나는 어머니가 불쌍하다

　예전부터 과도하게 간섭하던 아버지는 어머니뿐만 아니라 미진 씨의 행동과 인간관계도 감시했습니다. 학창시절에는 엄격한 통금 시간에 매여서 방과 후에 친구들과 노는

259

것도 허락되지 않았습니다.

휴대전화 기능에도 제한을 걸어두어서 저장할 수 있는 연락처는 집 전화번호와 부모님의 전화번호뿐이었습니다. 중학생 때부터 대학생이 될 때까지 사정은 마찬가지였습니다. 어머니에게 몇 번이고 제한을 풀어달라고 부탁했지만 아버지를 무서워하는 어머니는 미진 씨에게 참으라는 말만 할 뿐 달라지는 것은 없었습니다.

어느새 '무슨 말을 해도 소용없다'는 생각이 미진 씨에게 자리 잡으면서, 아버지를 부모로 받아들이지도, 어머니를 따뜻한 시선으로 바라보지도 못하게 되었습니다. 사회인이 된 지금은 통금시간이 없어졌지만, 여전히 아버지에게서는 쉴 새 없이 전화가 왔습니다.

> "아버지야 저를 어떻게 생각하든지 상관없지만, 저 때문에 아버지에게 혼나는 어머니가 불쌍해서 내키지 않아도 아버지 말에 따라 왔어요……."

지금도 미진 씨를 지배하고 싶어 하는 아버지는 딸이 자신의 뜻에 따르지 않으면 마구 호통을 치면서 어머니를 깔보고 무시하는 것 같았습니다.

부모에 대한 죄책감을 없애기

미진 씨의 이야기를 들으면서 그를 고민하게 만드는 진짜 원인은 어머니에 대한 죄책감이라는 것을 알 수 있었습니다. 난폭한 아버지 곁에 어머니만 혼자 남겨두고 자신은 원하는 삶을 살아가는 데 죄책감을 느끼고 있었습니다. 미진 씨는 다음과 같이 말했습니다.

> "아버지에게는 아무런 미련이 없어요. 하지만 어머니를 생각하면 제가 해외에 나가는 것 때문에 어머니가 더 힘들어지는 것은 아닌지 걱정이 됩니다."

미진 씨를 위해 심리 상담에서 가장 먼저 한 일은 그가 느끼는 죄책감의 원인을 찾아 해결하는 것이었습니다. 미진 씨는 어머니의 문제를 자신의 문제라고 착각했기 때문에 어머니와 거리를 두고 자립해서는 안 된다고 생각했습니다.

미진 씨에게는 다음과 같이 분석 결과를 전달했습니다.

1. 아버지와의 관계를 어떻게 만들어갈지는 어머니가 해결해야 할 문제이지 미진 씨의 문제가 아닙니다.

2. 미진 씨가 어머니의 문제를 대신 떠맡으면 어머니는 더욱더 자신이 원하는 것이 무엇인지 생각하지 않게 되고, 결국 의존적인 사람이 될 가능성이 높습니다.

3. 현재는 부모와 자녀의 역할이 역전되어 있어서, 미진 씨가 어머니 역할을 하고 어머니는 딸 역할을 하는 바람직하지 못한 상태입니다.

4. 부모와 자녀의 역할이 역전된 상태가 계속되면 미진 씨와 어머니의 상호의존적인 관계가 더욱 견고해져서 두 사람 모두 자신의 인생을 살 수 없을 것입니다.

5. 어머니가 자신의 문제를 정면으로 마주하는 것이 중요하며, 기운이 있고 체력이 허락할 때 문제를 해결하지 않으면 나이가 들수록 선택지는 점점 줄어들 것입니다.

이 이야기를 들은 미진 씨는 해외 근무 일정을 생각하면 앞으로 남은 시간이 얼마 없다는 사실을 깨달았습니다. 그리고 어머니의 자유로운 삶을 위하여 딸인 자신이 할 수 있는 일이 거의 없고, 어머니 스스로가 어려움을 각오하고 문제를 직면하지 않으면 안 된다는 것을 알게 되었습니다.

어머니가 각오를 다지도록 돕는 편지

심리 상담에서 다음으로 한 일은 어머니가 각오를 다질 수 있도록 하는 편지를 쓰는 것이었습니다. 그렇다고 해서 어머니를 설득하려는 것은 아니었습니다. 어머니의 인생은 어머니가 결정하는 것이지 딸인 미진 씨가 결정하는 것이 아니기 때문입니다.

미진 씨는 다음과 같이 자신의 각오를 담은 편지를 썼습니다.

- 지금까지 아버지에게 상처를 받아왔고 두 번 다시 지배당하고 싶지 않다는 것

- 자신의 인생과 어머니의 인생 모두 아버지의 소유물이 아니라는 것
- 어머니의 인생을 어떻게 살아갈지는 본인이 정해야 하며, 어머니와 다른 인생을 사는 자신은 더 이상 어머니를 위로하는 역할을 하지 않겠다는 것
- 어머니가 자신의 인생을 살기로 결정한다면 최선을 다해 응원할 것이며 앞으로도 부모 자녀 관계를 이어가고 싶다는 것

미진 씨는 해외 근무를 위한 준비를 아버지가 알아차리지 못하도록 몰래 진행했습니다. 그리고 어머니에게는 미리 편지를 건네어 자신의 각오를 전달했습니다.

아버지에게는 해외 근무는 자신을 위한 일이며 아버지가 어떤 이야기를 하더라도 자신의 생각은 바뀌지 않는다는 내용을 담은 짧은 편지를 적어서 서재에 둔 후에 해외로 떠났습니다.

부모와 자녀 모두 독립적인 인생을 산다

미진 씨가 해외로 떠난 후 반 년이 지났을 무렵, 그동안
의 경과를 보고하고 싶다고 하여 영상 통화로 이야기를 나
누었습니다. 모니터 너머의 미진 씨는 어머니와 아버지가
별거 중이라는 소식을 전했습니다.

미진 씨가 일본을 떠난 후, 어머니는 아버지에게 호되게
야단맞고 욕을 먹었으며 겁에 질린 어머니는 이모 집으로
도망친 모양이었습니다.

어머니에게 "어떻게 해야 할지 모르겠어"라는 메시지가
수차례 왔지만 미진 씨는 "그건 엄마가 결정해야 할 일이에
요"라고 답하며, 도와주려 하거나 위로하려고 하지 않았다
고 합니다. 그리고 최근 들어 어머니는 아버지와 이혼하기
로 결심을 굳혔으며 곧 이혼 조정이 시작된다고 했습니다.

> "지금까지는 잘못된 방식으로 어머니를 도왔던
> 것 같아요. 좀 더 빨리 이런 사실을 알아차렸다
> 면 어머니도 저도 이렇게 힘든 일을 겪지 않아도
> 되었을 텐데 말이에요."

그렇게 말하는 미진 씨에게 저는 "괜찮아요. 그런 생각이 든다는 건 두 번 다시 같은 일이 반복되지 않을 거라는 뜻이니까요. 고통스러운 경험에서 교훈을 얻었다는 게 대단한 일이에요"라고 대답했습니다. 그는 "고맙습니다"라고 말하며 싱긋 웃어 보였습니다.

지금 당신과 부모와의 관계가 어떤 모습이든
변화를 위해 한 걸음만 내딛는다면
인생의 방향을 바꿀 수 있습니다.
더 이상 인생을 낭비하며 버티지 마세요.

이제 자유롭게
행복한 인생을 누리세요

이 책을 읽으면서 자신의 경험과 겹쳐지는 부분이 많다고 느꼈다면, 그것은 부모에게서 너무 많은 상처를 받아왔다는 의미이기도 합니다.

정말 힘든 시간이었을 테지요. 지금까지 정말 고생이 많았다고 이야기해주고 싶습니다. 눈물이 날 것 같다면 마음껏 울어도 됩니다. 울분이 차오른다면 마음껏 화를 내도 됩니다. 감정을 겉으로 드러내는 것은 너무나도 자연스러운 일이니까요. 물론 그런 감정을 부모에게 표현한다고 해서 부모와의 관계가 바라는 대로 바뀌지 않으리라는 것은 잘 알 것입니다.

그렇습니다. 부모를 미워하고 공격하고 싶어진다는 것은 마음속에 화라는 감정이 가득 차 있다는 뜻입니다. 그리고 그때가 바로 부모 곁을 떠나야 할 때이기도 합니다.

앞으로의 삶에서 당신에게 중요한 것은 자신의 감정을 판단 기준으로 삼는 것입니다. 함께 있을 때 즐겁고 행복하며 마음이 따뜻해져서 좋다고 느껴지는 사람과 함께 살아가기 바랍니다.

한편, 함께 있을 때 마음이 차가워지고 경직된다면 당신의 마음이 싫다고 느끼는 것이므로 그런 사람과는 멀어지는 편이 좋습니다. 그 상대가 부모라고 하더라도 멀어지는 것은 매우 자연스러운 일입니다.

만약 여전히 부모와 거리를 두는 데에 죄책감을 느낀다면 이 책을 다시 처음부터 읽어보기 바랍니다. 마음이 건강하고 독립적인 부모 밑에서 자란 사람은 자신의 인생을 살아가는 것에 죄책감을 느끼지 않습니다. 당신이 죄책감을 느끼는 것은 부모에게 상처를 받았던 과거 때문일 가능성이 높습니다.

그렇다면 우선 자신의 마음이 여전히 부모에게 얽매여 있다는 사실을 인지하고, 부모 자녀 관계를 어떤 식으로 생각하는 것이 바람직한지 알아본 후에, 조금씩이라도 좋으니 실천해보고, 시간이 오래 걸리더라도 몸과 마음으로 익힐 필요가 있습니다.

이 책에서는 그런 과정에서 유용하게 쓰일 수 있는 방법을 소개했습니다. '나 혼자 힘으로는 부족해' '부모님에게 솔직한 마음을 표현하고 부모님의 뜻을 단호하게 거절하는 건 겁이 나서 못하겠어'라는 생각이 든다면 도와드리겠습니다. 가장 중요한 것은 '이제부터 내 인생을 살아가겠다'라고 결단을 내리는 것입니다.

미워하는 부모에게서 멀어져 살기 시작하면 다양한 감정을 경험하게 됩니다.

가고 싶은 곳에 갈 수 있다는 즐거움.

생각한 대로 행동할 수 있다는 기쁨.

하고 싶지 않은 일은 하지 않아도 된다는 행복.

자유란 자신이 모든 것을 결정하면서 살아가는 방식입니다. 그렇게 살아갈 때야말로 진정으로 살아 있음을 느낄 수 있습니다. 이제 더 이상 누구에게도 지배당하지 않기 바랍니다. 누군가가 당신에게 의존하도록 내버려두지 않기 바랍니다.

당신의 인생은 당신의 것입니다.

옮긴이 이정현

대학에서 심리학을 공부했고, 출판사에서 책을 만들었으며, 현재 바른 번역 소속 번역가로 활동 중이다. 옮긴 책으로는 『아주 짧은 집중의 힘』, 『일 잘하는 사람들은 숫자에 강합니다』, 『처음부터 생명과학이 이렇게 쉬웠다면』, 『써드 씽킹』, 『그 고민, 우리라면 수학으로 해결합니다!』, 『생물학적으로 어쩔 수가 없다』, 『부모를 미워해도 괜찮습니다』 등이 있다.

부모를 미워해도 괜찮습니다

초판 1쇄 발행 2024년 11월 20일

지은이 가와시마 다카아키 **옮긴이** 이정현
펴낸이 김선준

편집이사 서선행
기획편집 이주영 **편집1팀** 임나리 **디자인** 엄재선
마케팅팀 권두리, 이진규, 신동빈
홍보팀 조아란, 장태수, 이은정, 권희, 유준상, 박미정, 이건희, 박지훈
경영관리팀 송현주, 권송이, 정수연

펴낸곳 (주)콘텐츠그룹 포레스트 **출판등록** 2021년 4월 16일 제2021-000079호
주소 서울시 영등포구 여의대로 108 파크원타워1 28층
전화 02) 332-5855 **팩스** 070) 4170-4865
홈페이지 www.forestbooks.co.kr
종이 (주)월드페이퍼 **인쇄** 더블비 **제본** 책공감

ISBN 979-11-93506-92-9 (03180)

㈜콘텐츠그룹 포레스트는 독자 여러분의 책에 관한 아이디어와 원고 투고를 기다리고 있습니다. 책 출간을 원하시는 분은 이메일 writer@forestbooks.co.kr로 간단한 개요와 취지, 연락처 등을 보내주세요. '독자의 꿈이 이뤄지는 숲, 포레스트'에서 작가의 꿈을 이루세요.